Guía Visual de Windows Vista

Miguel Pardo Niebla

GUIAS VISUALES

RESPONSABLE EDITORIAL:
Víctor Manuel Ruiz Calderón

ILUSTRACIÓN DE CUBIERTA:
Pattodis diseño e imagen S.L.U.

REALIZACIÓN DE CUBIERTA:
Cecilia Poza Melero

Primera edición, enero 2007
Primera reimpresión, marzo 2007
Segunda reimpresión, mayo 2007

Todos los nombres propios de programas, sistemas operativos, equipos hardware, etc. que aparecen en este libro son marcas registradas de sus respectivas compañías u organizaciones.

Edición española:
© EDICIONES ANAYA MULTIMEDIA (Grupo Anaya, S.A.), 2007
   Juan Ignacio Luca de Tena, 15. 28027 Madrid
   Depósito legal: M. 18.506-2007
   ISBN: 978-84-415-2141-4
   Printed in Spain
   Imprime: Peñalara, S.A.
   Fuenlabrada (Madrid)

Después de algunos años de espera, por fin ha llegado al mercado la nueva versión del sistema operativo de Microsoft, Windows Vista. Esta nueva versión se centra en el mejor aprovechamiento de los recursos de nuestro ordenador y en ofrecer al usuario una experiencia mejorada tanto en lo que respecta a su configuración y aspecto visual como en la confianza y organización del sistema.

Entre las novedades que incorpora el nuevo sistema operativo de Windows Vista, cabría destacar los nuevos esfuerzos de Microsoft para mejorar la seguridad de nuestro entorno, basados en una mejora del control de las cuentas de usuario del equipo y una mejor protección contra el software malintencionado.

Mención especial merece también el nuevo sistema de organización de la información en nuestro equipo. Windows Vista nos permite realizar búsquedas inteligentes directamente desde el menú Inicio para localizar fácilmente cualquier elemento del sistema: programas, documentos, etc. El programa incorpora también una nueva herramienta de carpetas de búsqueda, para facilitar la organización y localización de recursos dentro de las carpetas del entorno.

La herramienta Internet Explorer 7, supone también un cambio respecto a versiones anteriores. Ahora, disponemos de un sistema de navegación mediante pestañas que nos permite tener abiertas a la vez varias páginas en una misma ventana y acceder a ellas rápidamente y de forma cómoda. El programa incluye también herramientas para el seguimiento de fuentes de información RSS y una mayor protección contra todo tipo de ataques a través de la Red (software malintencionado, *phising*, etc.)

Otra de las características que más llaman la atención al usuario es la barra lateral del escritorio (Windows Sidebar), donde podemos colocar aplicaciones en miniatura conocidas con el nombre de *gadgets* que nos muestran información o nos facilitan nuestras tareas diarias con el ordenador.

El rendimiento de nuestro ordenador se verá también mejorado gracias a las nuevas características de Windows Vista. Los tiempos de espera para el inicio del sistema operativo tanto en ordenadores de escritorio como en ordenadores portátiles se han visto claramente mejorados. Además, una nueva característica conocida como *superfetch*, permite que nuestras aplicaciones se inicien con mayor rapidez.

Para trabajar con redes, Windows Vista también incorpora nuevas herramientas que facilitan la siempre ardua tarea de configuración de un entorno de red. Desde el Centro de redes y recursos compartidos, podremos gestionar todas las tareas de configuración de redes privadas y públicas, así como especificar el uso compartido que deseamos hacer de los componentes de nuestro ordenador.

En lo que respecta al uso del ordenador en el hogar, Windows Vista ha realizado un esfuerzo especial por adaptarse a las necesidades del usuario. Su sistema de protección infantil, nos permitirá limitar el número de horas que los niños pueden utilizar el ordenador, restringir el acceso a determinadas páginas Web o programas y recibir informes del uso que realizan del equipo.

Otras interesantes características que se han incorporado a esta nueva edición de Windows son las ayudas mejoradas mediante textos y comentarios en todos los cuadros de diálogo o la herramienta de actualización Windows Update, más sencilla de utilizar y menos molesta.

Finalmente, cuando naveguemos por el nuevo sistema operativo Windows Vista, nos encontraremos con mejoras en muchas de las aplicaciones ya veteranas del programa (Reproductor de Windows Media, Windows Movie Maker, etc.), así como con nuevas aplicaciones orientadas a facilitar nuestro trabajo o a convertir nuestro ordenador en un centro de ocio (Calendario de Windows, Galería fotográfica de Windows, Windows DVD Maker o Windows Media Center).

En este libro, aprenderá a manejar las características básicas de Windows Vista. La obra está orientada a un amplio abanico de lectores, con carácter independiente de su nivel de conocimientos sobre versiones anteriores del sistema operativo. Su organización está pensada para que pueda utilizarse tanto como guía de aprendizaje paso a paso de los fundamentos de trabajo con el sistema, como de referencia rápida para resolver cualquier duda puntual sobre la realización de cualquier tarea.

Para ello, hemos dividido el libro en 8 capítulos que engloban operaciones relacionadas con las distintas funciones que permite realizar Windows Vista. El índice de contenidos, le permitirá localizar rápidamente la página donde se describe cualquiera de las funciones disponibles en el programa.

El capítulo 1, "Fundamentos básicos de Windows Vista", es una rápida visión del funcionamiento de la interfaz del sistema operativo. En este capítulo, aprenderemos a reconocer los elementos del escritorio de Windows, a gestionar cuentas de usuario, a apagar, reiniciar y bloquear nuestro ordenador y a trabajar con ventanas e iconos.

En el capítulo 2, "El escritorio de Windows Vista", estudiaremos en profundidad los componentes del escritorio de Windows Vista. Aprenderemos a ejecutar programas desde el menú Inicio y a personalizar su aspecto y comportamiento, a trabajar con la barra de tareas, a añadir nuevos *gadgets* en la barra lateral Windows Sidebar y a configurar el aspecto del escritorio, cambiando el color y la apariencia de las ventanas, estableciendo un protector de pantalla, cambiando el tema visual de nuestro escritorio o configurando la resolución de la pantalla.

A continuación, en el capítulo 3, "Trabajar con archivos", estudiaremos todos los aspectos relativos a la gestión de archivos de nuestro ordenador. Aprenderemos a manejar la ventana Equipo, a navegar por las distintas carpetas de nuestro sistema, a ordenar, agrupar y apilar iconos, a seleccionar, mover, copiar y eliminar archivos, a crear carpetas y accesos directos y a trabajar con la Papelera de reciclaje.

El capítulo 4, "Carpetas y funciones especiales", es un resumen de las operaciones comunes que podemos realizar directamente desde el sistema de exploración de Windows Vista. Este capítulo nos enseñará a grabar discos, a realizar presentaciones de imágenes, a reproducir música, a configurar las opciones de nuestros juegos, a realizar búsquedas, a definir las acciones predeterminadas para ejecutar programas y a conseguir ayuda y soporte técnico sobre el funcionamiento del sistema operativo.

En el capítulo 5, "Configuración de Windows Vista" entraremos de lleno en la configuración del sistema operativo de Windows Vista. Aprenderemos a realizar tareas de mantenimiento de nuestro equipo tales como copias de seguridad, actualizaciones, indización de documentos, solución de problemas o desfragmentación de discos, conoceremos las herramientas de seguridad del sistema tales como Firewall de Windows, Windows Defender y el control parental, aprenderemos a configurar el hardware de nuestro equipo (impresoras, ratón o teclado) y veremos cómo controlar nuestro ordenador desde el Centro de accesibilidad o a utilizar el reconocimiento de voz para manejar el entorno.

El capítulo 6, "Redes e Internet" es un repaso de las técnicas necesarias para conectar nuestro ordenador a un entorno de Red. Veremos cómo configurar una red de ordenadores, cómo establecer una conexión con Internet, cómo manejar Internet Explorer para navegar por Internet y cómo enviar y recibir mensajes de correo electrónico con Windows Mail.

En el capítulo 7, "Herramientas de Windows Vista" estudiaremos el funcionamiento de las principales herramientas de Windows Vista. Aprenderemos todas las técnicas de trabajo del Reproductor de Windows Media, a realizar presentaciones de nuestras fotografías y vídeos con la Galería fotográfica de Windows, a digitalizar imágenes, a corregir fotografías defectuosas, a realizar películas con Windows Movie Maker, a manejar Windows Media Center, a confeccionar DVD de nuestros vídeos con Windows DVD Maker, a llevar un seguimiento de nuestras citas y tareas con el Calendario de Windows y a manejar faxes y escáneres desde el sistema operativo.

Finalmente, en el capítulo 8, "Accesorios de Windows Vista", describiremos el funcionamiento de otras aplicaciones ya tradicionales en Windows. Aprenderemos a trabajar con el Bloc de notas, a realizar cálculos con la Calculadora, a grabar archivos de sonido con la Grabadora de sonidos, a realizar dibujos con Paint, a realizar capturas de pantalla y anotaciones con la herramienta Recortes y a escribir textos con formato en WordPad.

Capítulo 1
Fundamentos básicos
de Windows Vista

El escritorio de Windows Vista

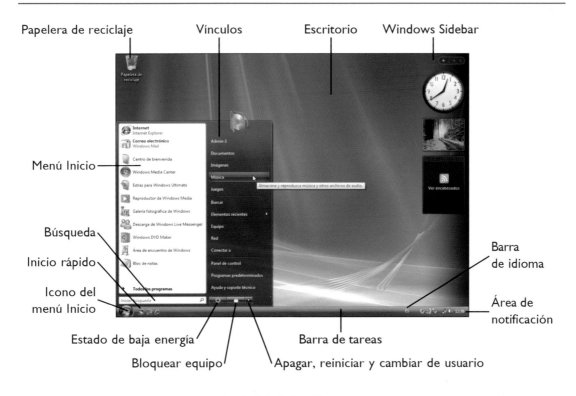

Papelera de reciclaje   Vínculos   Escritorio   Windows Sidebar

Menú Inicio

Búsqueda

Inicio rápido

Icono del menú Inicio

Barra de idioma

Área de notificación

Estado de baja energía

Bloquear equipo

Barra de tareas

Apagar, reiniciar y cambiar de usuario

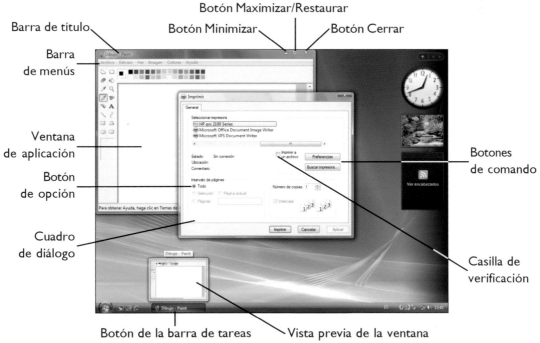

Barra de título

Barra de menús

Botón Minimizar

Botón Maximizar/Restaurar

Botón Cerrar

Ventana de aplicación

Botón de opción

Cuadro de diálogo

Botones de comando

Casilla de verificación

Botón de la barra de tareas   Vista previa de la ventana

Crear una cuenta de usuario

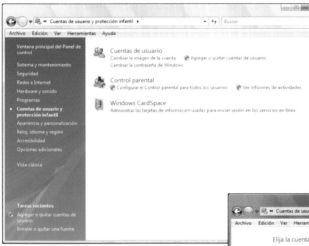

1. Abrir el menú Inicio haciendo clic sobre su botón en la barra de tareas.

2. Hacer clic sobre el vínculo Panel de control.

3. En la ventana del Panel de control, hacer clic sobre la opción Cuentas de usuario y protección infantil.

4. A continuación, hacer clic sobre el vínculo Agregar o quitar cuentas de usuario.

5. Si Windows solicita permiso para continuar, hacer clic sobre el botón **Continuar**.

6. Hacer clic sobre el vínculo Crear una nueva cuenta.

7. Escribir el nombre de la nueva cuenta de usuario en el cuadro de texto correspondiente.

8. Seleccionar el tipo de cuenta que se desea crear mediante los botones de opción Usuario estándar y Administrador.

9. Hacer clic sobre el botón **Crear cuenta** para completar el proceso.

10. Cerrar la ventana de cuentas de usuario haciendo clic sobre su botón **Cerrar**.

Cambiar las propiedades de una cuenta de usuario

1. Abrir el menú Inicio haciendo clic sobre su botón en la barra de tareas.

2. Hacer clic sobre el vínculo Panel de control.

3. En la ventana del Panel de control, hacer clic sobre la opción Cuentas de usuario y protección infantil.

4. A continuación, hacer clic sobre el vínculo Agregar o quitar cuentas de usuario.

5. Si Windows solicita permiso para continuar, hacer clic sobre el botón **Continuar** en el cuadro de diálogo.

6. En la sección Elija la cuenta que desee cambiar, seleccionar la cuenta que se desea modificar haciendo clic sobre su icono.

7. Hacer clic sobre la opción Crear una contraseña. En los dos primeros cuadros de texto, introducir la contraseña que se desea establecer para la cuenta seleccionada y repetirla para evitar confusiones. En el tercer cuadro de texto, escribir el indicio que se desea utilizar como recordatorio de la contraseña.

8. Hacer clic sobre el botón **Crear contraseña**.

9. Hacer clic sobre la opción Cambiar la imagen.

10. A continuación, seleccionar la nueva imagen deseada en la lista central de la ventana.

11. Hacer clic sobre el botón **Cambiar imagen**.

12. Cerrar la ventana de cuentas de usuario haciendo clic sobre su botón **Cerrar**.

Apagar, reiniciar y cambiar de usuario

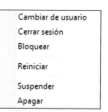

Windows Vista dispone de varias opciones ideadas para apagar el ordenador, inducir un estado de suspensión de energía o cambiar de usuario.

Todas estas opciones se encuentran disponibles a través del botón **Apagar y reiniciar** ▶ situado en la esquina inferior derecha del menú **Inicio**.

Comando	Descripción
Cambiar de usuario	Permite acceder a una cuenta de usuario diferente manteniendo abiertas todas las ventanas y aplicaciones disponibles en la sesión de trabajo del usuario actual.
Cerrar sesión	Cierra la sesión de trabajo del usuario actual (todas sus ventanas y aplicaciones) y deja el ordenador preparado en su pantalla de bienvenida para la entrada de un usuario nuevo.
Bloquear	Bloquea la sesión de trabajo del usuario actual, es decir, deja preparada la pantalla de bienvenida de Windows para que el usuario actual pueda reingresar su contraseña y volver a trabajar normalmente con el ordenador.
Reiniciar	Apaga el ordenador (cerrando todas las ventanas y aplicaciones de la sesión de trabajo del usuario actual) y lo vuelve a iniciar de forma automática.
Suspender	Induce el modo de suspensión o ahorro de energía del ordenador. Normalmente, este modo significa desactivar todas las funciones básicas del ordenador Para recuperar la funcionalidad del sistema, será necesario presionar el botón de encendido del ordenador. Al hacerlo, aparecerá de nuevo la pantalla de bienvenida del usuario recuperando todas las ventanas y aplicaciones en el estado en que se encontraban antes de iniciar el estado de suspensión.
Apagar	Esta opción permite apagar el ordenador, cerrando automáticamente todas las ventanas y aplicaciones.

Para cambiar a una nueva sesión de trabajo de un usuario diferente:

1. Abrir el menú **Inicio** haciendo clic sobre su icono en la barra de tareas.

2. Situar el puntero del ratón sobre el botón **Apagar y reiniciar** ▶.

3. Ejecutar el comando Cambiar de usuario.

4. En la pantalla de bienvenida, hacer clic sobre el icono del nuevo usuario.

5. Escribir la contraseña y pulsar la tecla **Intro** o hacer clic sobre el botón situado a la derecha del cuadro de texto.

Para cerrar la sesión actual de trabajo:

1. Abrir el menú **Inicio** haciendo clic sobre su icono en la barra de tareas.

2. Situar el puntero del ratón sobre el botón **Apagar y reiniciar** .

3. Ejecutar el comando Cerrar sesión. Se cerrarán todas las aplicaciones y el sistema quedará preparado para la entrada de un nuevo usuario.

Para bloquear el equipo:

1. Abrir el menú **Inicio** haciendo clic sobre su icono en la barra de tareas.

2. Hacer clic sobre el botón **Bloquear este equipo** o ejecutar el comando Bloquear del menú del botón **Apagar y reiniciar** . Aparecerá la pantalla de bienvenida preparada para que el usuario actual introduzca su contraseña para continuar trabajando en las mismas condiciones en las que se encontraba el equipo al quedar bloqueado.

Para reiniciar el equipo:

1. Abrir el menú **Inicio** haciendo clic sobre su icono en la barra de tareas.

2. Situar el puntero del ratón sobre el botón **Apagar y reiniciar** .

3. Ejecutar el comando Reiniciar. Se cerrarán todas las aplicaciones, se apagará el ordenador y volverá a reiniciarse automáticamente.

Para inducir el modo de suspensión de energía del equipo:

1. Abrir el menú **Inicio** haciendo clic sobre su icono en la barra de tareas.

2. Hacer clic sobre el botón **Suspender** o ejecutar el comando Suspender del menú del botón **Apagar y reiniciar** . El ordenador suspenderá toda su actividad. Para volver a reiniciar el trabajo, presionar el botón de encendido del ordenador y, en la pantalla de bienvenida, escribir la contraseña de la cuenta de usuario. Se recuperarán todas las ventanas y aplicaciones en el estado en que se encontraban antes de suspender la actividad.

Para apagar el equipo:

1. Abrir el menú **Inicio** haciendo clic sobre su icono en la barra de tareas.

2. Situar el puntero del ratón sobre el botón **Apagar y reiniciar** .

3. Ejecutar el comando Apagar. Se cerrarán todas las aplicaciones y se apagará el ordenador.

Maximizar, minimizar, restaurar y cerrar ventanas

Para maximizar una ventana (hacer que ocupe toda la superficie disponible en el área de trabajo):

1. Hacer clic sobre el botón **Maximizar** situado en la esquina superior derecha de la ventana.

O bien:

1. Hacer doble clic en la barra de título.

Para devolver la ventana a su tamaño original:

1. Hacer clic sobre **Restaurar a tamaño** .

Para minimizar una ventana (dejar solamente su representación en forma de botón en la barra de tareas):

1. Hacer clic sobre el botón **Minimizar** situado en la esquina superior derecha de la ventana.

Para cerrar una ventana:

1. Hacer clic sobre el botón **Cerrar** situado en la esquina superior derecha de la ventana.

O bien:

1. Pulsar la combinación de teclas **Alt-F4**.

Redimensionar una ventana

1. Situar el puntero del ratón sobre el lateral de la ventana cuyo tamaño queramos modificar. El puntero tomará el aspecto de una flecha de doble punta. Para modificar el tamaño de dos laterales al mismo tiempo, situamos el puntero sobre el vértice correspondiente de la ventana.

 La forma del puntero dependerá del lateral que hayamos seleccionado. La doble flecha nos indica las direcciones en las que podemos deformar la ventana.

2. Hacer clic con el botón izquierdo del ratón y mantenerlo presionado mientras arrastramos el puntero en la dirección deseada.

3. Soltar el botón del ratón para validar los cambios o la tecla **Esc** para cancelarlos.

Desplazamiento de ventanas

1. Situar el puntero del ratón sobre la barra de título de la ventana.

2. Hacer clic con el botón izquierdo del ratón y, manteniéndolo pulsado, arrastrar la ventana hacia la nueva posición deseada.

3. Soltar el botón del ratón para validar los cambios o pulsar la tecla **Esc** para cancelarlos.

O bien:

1. Abrir el menú de control de la ventana pulsando la combinación de teclas **Alt-Barra espaciadora**.

2. Ejecutar el comando Mover haciendo clic sobre su entrada o pulsando la tecla **M**.

3. Con las teclas de dirección (**Flecha dcha.**, **Flecha izda.**, **Flecha arriba** y **Flecha abajo**), desplazar la ventana hasta la posición deseada.

4. Pulsar la tecla **Intro** para validar los cambios o la tecla **Esc** para cancelarlos.

Distribuir ventanas en el escritorio

1. Situar el puntero del ratón sobre cualquier espacio vacío de la barra de tareas y hacer clic con el botón derecho para abrir su menú contextual.

2. Ejecutar los comandos Cascada, Mostrar ventanas apiladas o Mostrar ventanas en paralelo haciendo clic sobre su nombre para organizar las ventas en cascada o formando un mosaico sobre la superficie del escritorio.

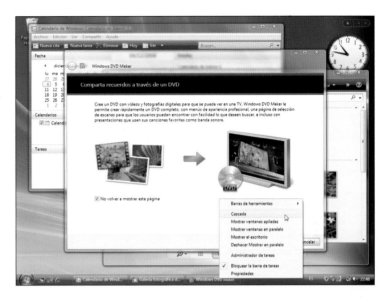

Comando	Descripción
Cascada	Organiza las ventanas en cascada, es decir, superpuestas las unas sobre las otras.
Mostrar ventanas apiladas	Organiza las ventanas en distribución regular y en sentido horizontal.
Mostrar ventanas en paralelo	Organiza las ventanas en distribución regular y en sentido vertical.

Diseño de ventanas

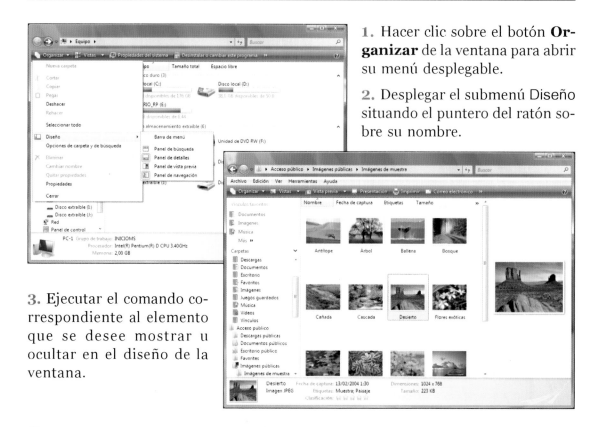

1. Hacer clic sobre el botón **Organizar** de la ventana para abrir su menú desplegable.

2. Desplegar el submenú Diseño situando el puntero del ratón sobre su nombre.

3. Ejecutar el comando correspondiente al elemento que se desee mostrar u ocultar en el diseño de la ventana.

Comando	Descripción
Barra de menú	Muestra u oculta la barra de menús de la ventana, desde la que se puede acceder a todas las acciones disponibles en la ventana.
Panel de búsqueda	Muestra u oculta el panel de búsqueda, donde se puede seleccionar el tipo de archivo que se desea localizar y especificar criterios de búsqueda avanzada.
Panel de detalles	Muestra u oculta el panel de detalle en el borde inferior de la ventana, donde se muestra información sobre el elemento seleccionado en la ventana.
Panel de vista previa	Muestra u oculta el panel de vista previa en el lateral derecho de la ventana, donde se puede obtener una visión preliminar del elemento seleccionado en la ventana.
Panel de navegación	Muestra u oculta el panel de navegación de la ventana, donde se dispone de una vista en forma de árbol de los dispositivos, carpetas y demás objetos del sistema.

Vistas

1. Hacer clic sobre el icono en forma de punta de flecha situado a la derecha del botón **Vistas** para abrir su menú desplegable.

2. Hacer clic sobre el comando correspondiente al tipo de vista de los elementos de la ventana que se desee utilizar:

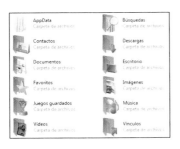

Mosaicos

Lista

Detalles

Iconos pequeños

Iconos medianos

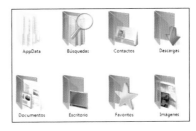

Iconos grandes

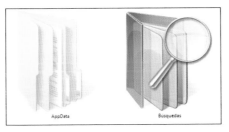

Iconos muy grandes

Búsquedas

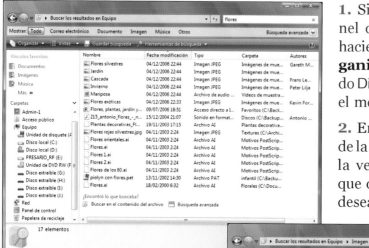

1. Si es necesario, mostrar el panel de búsqueda en la ventana haciendo clic sobre el botón **Organizar** y ejecutando el comando Diseño>Panel de búsqueda en el menú desplegable.

2. En el cuadro de texto Buscar de la esquina superior derecha de la ventana, escribir el término que describe la búsqueda que se desea realizar.

3. Para categorizar los resultados de la búsqueda, hacer clic sobre los botones del panel de búsqueda **Todo** (para mostrar todos los elementos que cumplen los criterios de búsqueda), **Correo electrónico** (para mostrar solamente mensajes de correo electrónico), **Documento** (para mostrar solamente documentos), **Imagen** (para mostrar solamente los archivos de imagen), **Música** (para mostrar solamente los archivos de música) u **Otros** (para mostrar los elementos que no coinciden con los criterios anteriores).

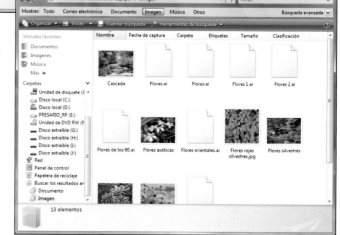

4. Para ampliar la especificación de los criterios de búsqueda, hacer clic sobre el botón **Mostrar filtros avanzados** ⊙ situado junto a la etiqueta Búsqueda avanzada.

5. En el panel de búsqueda avanzada, especificar la ubicación, la fecha de creación, el tamaño, el nombre, las etiquetas y los autores asociados a los archivos que se desean localizar.

6. Hacer clic sobre el botón **Buscar**.

Seleccionar iconos

Para seleccionar un icono en una ventana de Windows Vista, hacer clic sobre su superficie. Para seleccionar un grupo de iconos contiguos:

1. Situar el puntero del ratón sobre el primero de los iconos del grupo y hacer clic con el botón izquierdo del ratón para seleccionarlo.

2. Mantener presionada la tecla **Mayús** y hacer clic sobre el último de los iconos del grupo.

O bien:

1. Situar el puntero del ratón sobre cualquiera de las esquinas de un marco imaginario en el que formen parte al menos parcialmente todos los iconos que se desean seleccionar.

2. Hacer clic con el botón izquierdo del ratón y arrastrarlo hasta abarcar todos los iconos deseados.

Para seleccionar un grupo de iconos no contiguos:

1. Situar el puntero del ratón sobre el primero de los iconos del grupo y hacer clic con el botón izquierdo del ratón.

2. Mantener pulsada la tecla **Control** mientras se hace clic sobre cada uno de los iconos que se desean seleccionar.

Para ver información sobre un icono o una representación previa del contenido de determinados iconos:

1. Situar el puntero del ratón sobre su superficie y esperar unos segundos a que se muestre el contenido del icono.

Para ejecutar un archivo o abrir un documento en la aplicación correspondiente:

1. Hacer doble clic sobre el icono o bien, seleccionar el icono y pulsar la tecla **Intro**.

Crear accesos directos en el escritorio

1. Hacer clic sobre cualquier espacio vacío del escritorio para abrir su menú contextual.

2. Ejecutar el comando Nuevo>Acceso directo para abrir el cuadro de diálogo Crear acceso directo.

3. En el cuadro de texto Escriba la ubicación del elemento, escribir el nombre y camino de acceso del elemento para el que se desea crear el icono de acceso directo.

4. Para evitar errores al escribir la ruta de acceso del elemento, hacer clic sobre el botón **Examinar** para abrir el cuadro de diálogo Buscar archivos o carpetas.

5. En la lista central del cuadro de diálogo, localizar la carpeta que contiene el archivo para el que se desea crear el nuevo acceso directo y hacer clic sobre su el icono en forma de punta de flecha ▷ situado a la izquierda de su nombre para mostrar su contenido.

6. Localizar el archivo que se desea situar en el escritorio como acceso directo y seleccionarlo haciendo clic sobre su etiqueta.

7. Hacer clic sobre el botón **Aceptar** para regresar al cuadro de diálogo Crear acceso directo.

8. Hacer clic sobre el botón **Siguiente**.

9. En el cuadro de texto Escriba un nombre para este acceso directo, escribir la descripción del contenido del icono de acceso directo.

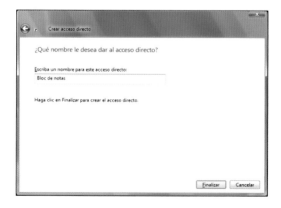

10. Hacer clic sobre el botón **Finalizar** para completar el proceso.

Organizar iconos en el escritorio

1. Hacer clic sobre cualquier espacio vacío del escritorio para abrir su menú contextual.

2. Desplegar el submenú Ver situando el puntero del ratón sobre su nombre y ejecutar el comando correspondiente al tipo de icono o comportamiento deseado.

Comando	Descripción
Organización automática	A medida que se crean nuevos iconos sobre el escritorio, éstos se alinean y se organizan automáticamente.
Alinear a la cuadrícula	Permite mover los iconos sobre el escritorio de forma que siempre queden alineados entre sí.
Mostrar iconos del escritorio	Permite activar o desactivar la presentación de iconos en el escritorio.

Iconos grandes   **Iconos medianos**   **Iconos en vista clásica**

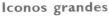

3. Hacer clic nuevamente sobre cualquier espacio vacío del escritorio para abrir su menú contextual.

4. Desplegar el submenú Ordenar por situando el puntero del ratón sobre su nombre y ejecutar el comando correspondiente al tipo de icono o comportamiento deseado.

Comando	Descripción.
Nombre	Organiza los iconos según sus nombres.
Tamaño	Organiza los iconos por el tamaño de sus archivos.
Tipo	Organiza los iconos por su extensión.
Fecha modificación	Organiza los iconos por su fecha de creación o modificación.

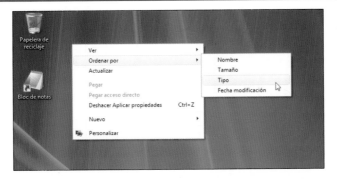

Capítulo 2
El escritorio
de Windows Vista

Abrir programas recientes y vínculos

1. Hacer clic sobre el botón **Inicio** de la barra de tareas de Windows para desplegar el menú Inicio. La mitad izquierda del menú contiene accesos directos a las aplicaciones que se han ejecutado recientemente. La mitad derecha es un listado de vínculos a herramientas y carpetas de utilidad para la gestión del sistema. Situando el puntero del ratón sobre cualquiera de estos elementos, aparecerá en pantalla un mensaje de información sobre su cometido o su ubicación.

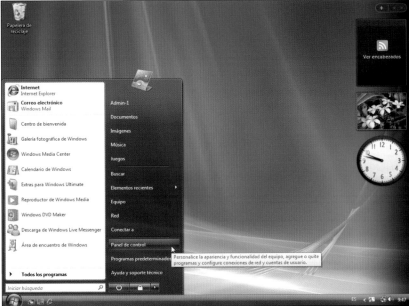

2. Para abrir cualquier aplicación, herramienta o carpeta del menú Inicio, hacer clic sobre su entrada.

O bien:

2. Hacer clic sobre el icono de la aplicación con el botón derecho del ratón y ejecutar el comando **Abrir**.

Para eliminar un acceso directo de la lista de programas recientes:

1. En el menú Inicio, hacer clic con el botón derecho del ratón sobre el icono que se desee eliminar.

2. Ejecutar el comando Quitar de esta lista.

Ejecutar programas

Para ejecutar cualquier programa o herramienta de las listas de programas recientes y vínculos del menú Inicio:

1. Hacer clic sobre el nombre del programa.

Para ejecutar cualquiera de los restantes programas disponibles en el menú Inicio de Windows:

1. En el menú Inicio, hacer clic o mantener el puntero del ratón durante unos segundos sobre el vínculo Todos los programas.

2. Para desplegar el contenido de una carpeta del menú Inicio, hacer clic sobre su nombre.

3. Localizar el icono del programa o herramienta a ejecutar y hacer clic sobre su nombre.

 Para volver a mostrar la lista de programas recientes, podemos hacer clic sobre el vínculo Atrás en el borde inferior del menú Inicio.

Para ejecutar cualquier programa disponible en el sistema:

1. Abrir el menú Inicio:

2. Hacer clic sobre el vínculo Todos los programas.

3. Abrir la carpeta Accesorios haciendo clic sobre su nombre.

4. Hacer clic sobre la herramienta Ejecutar.

5. En el cuadro de texto Abrir, escribir el nombre y la ruta completa del programa que se desea abrir o hacer clic sobre el botón **Examinar** para localizarlo.

6. Hacer clic sobre el botón **Aceptar**.

Buscar programas

Para buscar cualquier carpeta, archivo o programa en las ubicaciones indizadas (carpeta personal, correo electrónico y archivos sin conexión) del sistema:

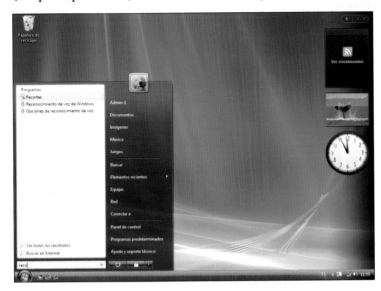

1. Abrir el menú Inicio.

2. Si es necesario, hacer clic sobre el cuadro de texto Iniciar búsqueda situado en el borde inferior izquierdo del menú Inicio.

3. Empezar a escribir el nombre del elemento que se desea localizar. En la mitad izquierda del menú Inicio, irá apareciendo una lista con los elementos que coinciden con los caracteres introducidos. A medida que se escriban nuevos caracteres, se irá limitando la lista de elementos localizados.

Si la búsqueda no produce ningún resultado:

1. Para buscar el elemento en todo el equipo, hacer clic sobre la opción Buscar en todas partes. Se abrirá la ventana Resultado de la búsqueda de Windows.

2. Para buscar información sobre el elemento en Internet, hacer clic sobre la opción Buscar en Internet. Se abrirá la ventana de Internet Explorer con la búsqueda correspondiente en el sitio Live Search de Microsoft.

Personalizar el menú Inicio

Para configurar el comportamiento del menú Inicio:

1. Hacer clic con el botón derecho del ratón sobre el botón **Inicio** en la barra de tareas de
Windows.

2. En el menú contextual, ejecutar el comando Propiedades.

O bien:

1. En el menú Inicio, hacer
clic sobre el vínculo Panel de
control.

2. En la ventana del Panel de
control, hacer clic sobre la
opción Apariencia y personalización.

3. Hacer clic sobre la opción Personalizar el menú Inicio.

4. Seleccionar el tipo de menú deseado activando las opciones Menú Inicio (aspecto y
funcionalidades del menú Inicio de Windows Vista) o Menú Inicio clásico (aspecto y
funcionalidades de las versiones anteriores de Windows).

5. En la sección Privacidad, activar o desactivar las casillas de verificación para almacenar los archivos y programas abiertos recientemente en el panel izquierdo del
menú Inicio.

Para personalizar el contenido del menú Inicio:

1. Hacer clic sobre el botón **Personalizar** del cuadro de diálogo Propiedades de la
barra de tareas y del menú Inicio.

2. En la lista del borde superior del cuadro de diálogo, activar o desactivar las casillas de verificación de las distintas configuraciones o elementos, según se desee mostrarlos o no en el menú Inicio. Cuando el elemento incluya varias opciones (por ejemplo, mostrar como menú, mostrar como vínculo o no mostrar el elemento), la lista mostrará una serie de botones de opción que se deberán activar según las necesidades específicas.

 Para deshacer todos los cambios en el cuadro de diálogo y recuperar la configuración por defecto de Windows, haga clic sobre el botón **Usar configuración predeterminada**.

3. En el cuadro de texto de la sección Tamaño del menú Inicio, especificar el número de programas recientes que se desean mostrar en la lista de programas del menú Inicio.

4. En la sección Mostrar en el menú Inicio, activar o desactivar las casillas de verificación para mostrar o no los vínculos de Internet y de correo electrónico. En las listas desplegables contiguas, seleccionar el programa que se utilizará para el acceso a Internet o al correo electrónico en Windows.

5. Una vez configuradas todas las opciones, hacer clic sobre el botón **Aceptar** para cerrar el cuadro de diálogo Personalizar el menú Inicio y nuevamente sobre el botón **Aceptar** para cerrar el cuadro de diálogo Propiedades de la barra de tareas y del menú Inicio.

Mostrar y ocultar barras de herramientas

1. Hacer clic con el botón derecho del ratón en cualquier espacio en blanco de la barra de tareas.

2. En el submenú Barras de herramientas, hacer clic sobre el nombre de la barra de herramientas que se desee mostrar u ocultar.

Para añadir una barra de herramientas nueva a la lista de herramientas de la barra de tareas:

1. Hacer clic con el botón derecho del ratón sobre cualquier espacio vacío de la barra de tareas.

2. A continuación, ejecutar el comando Nueva barra de herramientas del submenú Barras de herramientas.

3. En el cuadro de diálogo Nueva barra de herramientas: elegir una carpeta, localizar y seleccionar la carpeta que contiene las herramientas que se desean añadir a la barra de tareas.

4. Hacer clic sobre el botón **Seleccionar carpeta**.

Para desplegar el contenido de una barra de herramientas, haga clic sobre el botón ⟫ situado a la derecha del nombre de barra.

Configuración de la barra de tareas

1. Hacer clic con el botón derecho del ratón sobre cualquier espacio vacío de la barra de tareas.

2. En el menú contextual, ejecutar el comando Propiedades.

3. Si es necesario, activar la ficha Barra de tareas del cuadro de diálogo Propiedades de la barra de tareas y del menú Inicio.

4. Activar o desactivar las distintas casillas de verificación según la configuración deseada para la barra de tareas de Windows Vista.

Opción	Descripción
Bloquear la barra de tareas	Impide realizar cambios de tamaño, posición y comportamiento de iconos en la barra de tareas.
Ocultar automáticamente la barra de tareas	Hace que la barra de tareas desaparezca fuera de los límites de la pantalla cuando no es utilizada.
Conservar la barra de tareas siempre visible	Hace que la barra de tareas quede visible por encima de cualquier ventana abierta en el entorno.
Agrupar los botones similares de la barra de tareas	Permite agrupar varios documentos de un mismo programa minimizados en la barra de tareas bajo un mismo icono.
Mostrar inicio rápido	Muestra la barra de herramientas Inicio rápido.
Mostrar vistas previas de la ventana (en miniatura)	Muestra una vista previa del contenido de una ventana cuando se sitúa el puntero del ratón sobre su botón en la barra de tareas.

Para configurar el comportamiento del área de notificación de la barra de herramientas:

1. Hacer clic con el botón derecho del ratón sobre cualquier espacio vacío de la barra de tareas.

2. En el menú contextual, ejecutar el comando Propiedades.

3. Activar la ficha Área de notificación del cuadro de diálogo Propiedades de la barra de tareas y del menú Inicio.

4. Activar o desactivar las distintas casillas de verificación según la configuración deseada para el área de notificación de la barra de tareas.

Opción	Descripción
Ocultar iconos inactivos	Permite eliminar del área de notificación los iconos de las herramientas que no presentan ninguna actividad.
Reloj	Muestra u oculta el reloj en el área de notificaciones.
Volumen	Muestra u oculta el controlador de volumen en el área de notificaciones.
Red	Muestra u oculta el icono de actividad de red en el área de notificaciones.
Energía	Cuando es aplicable, muestra u oculta el medidor de batería y configuración de energía del equipo.

Para cambiar de posición la barra de tareas sobre el escritorio de Windows:

1. Hacer clic con el botón derecho del ratón sobre cualquier espacio vacío de la barra de tareas y, en el menú contextual, ejecutar el comando Bloquear la barra de tareas para desbloquear la barra de tareas.

2. Hacer clic sobre cualquier espacio vacío de la barra de tareas y, manteniendo presionado el botón izquierdo del ratón, arrastrar la barra hasta el lateral del escritorio deseado.

Manejar ventanas desde la barra de tareas

Para mostrar el contenido en miniatura de una ventana en la barra de tareas:

1. Situar el puntero del ratón sobre el botón de la ventana en la barra de tareas y mantenerlo inmóvil durante unos segundos.

Para cambiar la ventana activa:

1. Hacer clic sobre su botón en la barra de tareas.

Para recorrer todas las ventanas abiertas en Windows:

1. Pulsar la combinación de teclas **Alt-Tab** y, manteniendo presionada la tecla **Alt**, ir pulsando la tecla **Tab** hasta seleccionar la ventana deseada.

O bien:

1. Pulsar la combinación de teclas **Windows-Tab** y, manteniendo presionada la tecla **Windows**, ir pulsando la tecla **Tab** hasta seleccionar la ventana deseada.

O bien:

1. Hacer clic sobre **Cambiar de ventana** en la barra de herramientas Inicio rápido.

2. Pulsar las teclas **Flecha dcha.** o **Flecha izda.** hasta seleccionar la ventana deseada y, a continuación, pulsar la tecla **Intro**.

Para mostrar el escritorio de Windows:

1. Hacer clic sobre el botón **Mostrar escritorio** de la barra de herramientas Inicio rápido.

Agregar y quitar gadgets

Para añadir un nuevo gadget a Windows Sidebar:

1. Hacer clic sobre el botón **Gadgets** en la barra de botones del borde superior de Windows Sidebar.

2. Hacer doble clic sobre el gadget que se desee añadir a Windows Sidebar

Para eliminar un gadget de Windows Sidebar:

1. Hacer clic con el botón derecho del ratón sobre su superficie.

2. En el menú contextual, ejecutar el comando Cerrar gadget.

 Nota Para cerrar Windows Sidebar, haga clic con el botón derecho del ratón sobre cualquier punto vacío de su superficie y, en el menú contextual, ejecute el comando Cerrar Windows Sidebar. Para abrir nuevamente la herramienta, abra el menú Inicio, escriba **Windows Sidebar** en el cuadro de texto de búsqueda y pulse la tecla **Intro**.

Descargar gadgets en línea

1. Hacer clic sobre el botón **Gadgets** ➕ en la barra de botones del borde superior de Windows Sidebar.

2. A continuación, hacer clic sobre el vínculo Descargar más gadgets en línea. Se abrirá una ventana de Internet Explorer con la página de descarga de gadgets de Microsoft.

3. En la barra Navegar de la página Web, seleccionar la categoría de gadgets que se desea examinar haciendo clic sobre su nombre o seleccionar la opción Todas las categorías para ver todos los gadgets disponibles.

4. Localizar el gadget que se desea descargar recorriendo las distintas páginas del sitio Web. Para acceder a una nueva página de gadgets, hacer clic sobre el vínculo de la página correspondiente en la esquina superior derecha de la lista de gadgets o sobre el vínculo >> para acceder a un nuevo conjunto de páginas.

5. Hacer clic sobre el botón **Descargar** del gadget que se desee descargar.

6. En el cuadro de diálogo Descarga de archivos, hacer clic sobre el botón **Abrir**.

7. Cuando el sistema pregunte si se desea abrir el contenido de la descarga, hacer clic sobre el botón **Permitir**.

8. Hacer clic sobre el botón **Instalar**.

Reloj

Para configurar el gadget Reloj de Windows Sidebar:

1. Situar el puntero del ratón sobre el gadget, hasta que aparezca su barra de configuración en la esquina superior derecha del elemento.

2. Hacer clic sobre el botón **Configurar** .

3. Hacer clic sobre los botones ⊙ o ⊙ para seleccionar el tipo de reloj que se desea mostrar.

4. A continuación, en el cuadro de texto Nombre del reloj, escribir el nombre que se desea asignar al reloj.

5. En la lista desplegable Zona horaria, seleccionar la zona horaria a la que se desea ajustar el reloj.

6. Para activar o desactivar la manecilla de segundos en el reloj, activar o desactivar la casilla de verificación Mostrar la manecilla de segundos.

7. Hacer clic sobre el botón **Aceptar**.

Para cambiar la hora del sistema, haga clic sobre el vínculo Cambiar la fecha y la hora en el equipo.

Presentación

Para configurar el gadget Presentación de Windows Sidebar:

1. Situar el puntero del ratón sobre el gadget, hasta que aparezca su barra de configuración en la esquina superior derecha del elemento.

2. Hacer clic sobre el botón **Configurar** .

3. En la lista desplegable Carpeta, seleccionar la carpeta que contiene las imágenes que se desean utilizar o hacer clic sobre el botón ⬚ para abrir una nueva carpeta.

4. En la lista desplegable Mostrar cada imagen, seleccionar el período de tiempo que debe permanecer cada imagen en el gadget de Windows Sidebar.

5. En la lista desplegable Transición entre las imágenes, seleccionar el efecto que se desea utilizar al cambiar de una imagen a otra en el gadget.

6. Activar o desactivar la casilla de verificación Revolver imágenes para mostrar las imágenes de forma aleatoria o en el orden en el que están almacenadas en la carpeta.

7. Hacer clic sobre el botón **Aceptar**.

Para cambiar la posición de un gadget en la barra de Windows Sidebar, haga clic sobre su superficie y, manteniendo presionado el botón izquierdo del ratón, desplácelo hasta la posición deseada.

Encabezados de la fuente

Para activar el gadget Encabezados de la fuente:

1. Hacer clic sobre el vínculo Ver encabezados del gadget.

Para configurar el gadget Encabezados de la fuente de Windows Sidebar:

1. Situar el puntero del ratón sobre el gadget, hasta que aparezca su barra de configuración en la esquina superior derecha del elemento.

2. Hacer clic sobre el botón **Configurar** .

3. En la lista desplegable Mostrar esta fuente, seleccionar la fuente RSS que se desea mostrar en el gadget o la opción Todas las fuentes para mostrar todas las fuentes suscritas en el sistema.

4. En la lista desplegable Número de encabezados recientes para mostrar, seleccionar el número de encabezados que se desean mostrar en el gadget.

5. Hacer clic sobre el botón **Aceptar**.

Para abrir el contenido de una fuente en el gadget Encabezados de la fuente, haga clic sobre su encabezado.

Color y apariencia de las ventanas

1. Abrir el menú Inicio y hacer clic sobre el vínculo Panel de control.

2. En la ventana del Panel de control, hacer clic sobre el vínculo Apariencia y personalización.

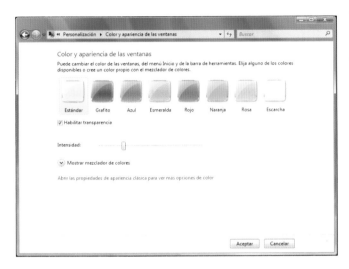

3. Hacer clic sobre el vínculo Personalización.

4. Hacer clic sobre el vínculo Color y apariencia de las ventanas.

5. Seleccionar el color de las ventanas deseado haciendo clic sobre su imagen en la sección superior de la ventana de personalización.

6. Para habilitar o deshabilitar la transparencia de las ventanas, activar o desactivar la casilla de verificación Habilitar transparencia.

7. Para aumentar o reducir la intensidad del color de las ventanas, desplazar la barra deslizante Intensidad hacia la derecha o hacia la izquierda respectivamente.

8. Para establecer un color personalizado para las ventanas, hacer clic sobre el botón **Mostrar mezclador de colores** ⊙ y definir el color deseado mediante las barras deslizantes Matiz, Saturación y Brillo.

9. Hacer clic sobre el botón **Aceptar**.

Fondo de escritorio

1. Abrir el menú Inicio y hacer clic sobre el vínculo Panel de control.

2. En la ventana del Panel de control, hacer clic sobre el vínculo Apariencia y personalización.

3. Hacer clic sobre el vínculo Personalización.

4. Hacer clic sobre el vínculo Fondo de escritorio.

5. En la lista desplegable Ubicación de la imagen, seleccionar la carpeta que contiene la imagen que se desea mostrar sobre el escritorio de Windows o hacer clic sobre el botón **Examinar** para localizar nuevas carpetas.

6. En la lista central de la ventana, seleccionar la imagen deseada haciendo clic sobre su superficie.

7. En la sección ¿Cómo debe colocarse la imagen?, seleccionar el tipo de distribución de la imagen sobre el escritorio de Windows.

8. Hacer clic sobre el botón **Aceptar**.

Protector de pantalla

1. Abrir el menú Inicio y hacer clic sobre el vínculo Panel de control.

2. En la ventana del Panel de control, hacer clic sobre el vínculo Apariencia y personalización.

3. Hacer clic sobre el vínculo Personalización.

4. Hacer clic sobre el vínculo Protector de pantalla.

5. En el cuadro de lista desplegable de la sección Protector de pantalla, seleccionar el protector que se desea aplicar.

6. Para variar el tiempo de espera que necesita estar inactivo el ordenador antes de que el protector de pantalla entre en funcionamiento, escribir el valor deseado (en minutos) en el cuadro de texto Esperar.

7. Para mostrar la pantalla de bienvenida de Windows al desactivar el protector de pantalla, activar la casilla de verificación Mostrar la pantalla de inicio de sesión al reanudar.

8. Hacer clic sobre el botón **Aceptar**.

 Las opciones de configuración a las que se accede a través del botón **Configuración**, varían dependiendo del protector de pantalla seleccionado.

Temas

1. Abrir el menú Inicio y hacer clic sobre el vínculo Panel de control.

2. En la ventana del Panel de control, hacer clic sobre el vínculo Apariencia y personalización.

3. Hacer clic sobre el vínculo Personalización.

4. Hacer clic sobre el vínculo Tema.

5. En la lista desplegable Tema, seleccionar el tema de escritorio que se desea aplicar o la opción Examinar para localizar nuevos temas en el sistema. La sección central del cuadro de diálogo mostrará una representación del aspecto del escritorio una vez establecido el nuevo tema.

6. Finalmente, hacer clic sobre el botón **Aceptar** para validar la operación.

Si modifica el tema actual, podrá almacenarlo haciendo clic sobre el botón **Guardar como** del cuadro de diálogo Configuración de temas. Haciendo clic sobre el botón **Eliminar**, podrá eliminar el tema actualmente seleccionado.

Configuración de pantalla

1. Abrir el menú Inicio y hacer clic sobre el vínculo Panel de control.

2. En la ventana del Panel de control, hacer clic sobre el vínculo Apariencia y personalización.

3. Hacer clic sobre el vínculo Personalización.

4. A continuación, hacer clic sobre el vínculo Configuración de pantalla.

5. En el cuadro de lista desplegable Calidad del color, seleccionar el número de colores que se desean
mostrar en el escritorio.

6. Desplazar la barra deslizante Resolución a izquierda o derecha entre los valores
Baja y Alta para disminuir o aumentar respectivamente la resolución de la pantalla.
La sección de muestra en forma de monitor situada en el borde superior del cuadro de
diálogo, mostrará una representación del aspecto del escritorio de Windows Vista.

7. Finalmente, ha-
cer clic sobre el bo-
tón **Aceptar** para
validar los cambios.

8. En el cuadro de
diálogo ¿Desea con-
servar esta configu-
ración de pantalla?,
hacer clic sobre el
botón **Sí**.

El botón **Configuración avanzada**, permite modificar las propiedades
del hardware de tarjeta de vídeo y monitor conectados al equipo.

Capítulo 3
Trabajar
con archivos

Navegar por carpetas

1. Si es necesario, en la ventana Equipo, ejecutar el comando Organizar>Diseño>Panel de navegación para mostrar el panel de carpetas.

2. Para desplegar el contenido de una carpeta en el panel de carpetas, hacer clic sobre el icono ▷ situado a la izquierda de su nombre o hacer doble clic sobre ella.

3. Para volver a comprimir el contenido de una carpeta desplegada, hacer clic sobre el icono ◢ situado a la izquierda de su nombre o hacer doble clic sobre ella.

4. Para mostrar el contenido de una carpeta, hacer clic sobre su nombre en el panel de carpetas.

 El panel Vínculos favoritos, nos ofrece un rápido acceso a las carpetas que utilizamos con mayor asiduidad.

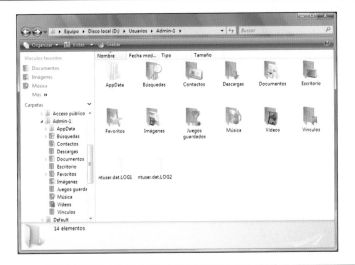

 También se puede abrir y mostrar el contenido de una carpeta haciendo doble clic sobre su icono en el área de trabajo de la ventana Equipo o bien, seleccionándola y pulsando la tecla **Intro**.

Recorrer las páginas recientes

1. Para acceder a la carpeta visitada con anterioridad a la carpeta actualmente seleccionada, hacer clic sobre el botón **Atrás** 🔙 en la esquina superior izquierda de la ventana Equipo.

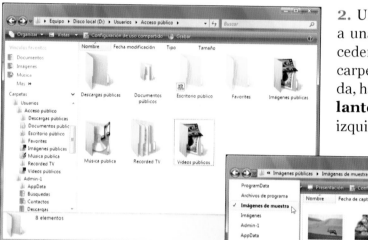

2. Una vez se haya retrocedido a una carpeta anterior, para acceder a la carpeta siguiente de la carpeta actualmente seleccionada, hacer clic sobre el botón **Adelante** 🔜 en la esquina superior izquierda de la ventana Equipo.

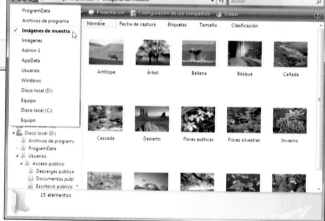

3. Para acceder directamente a las últimas carpetas visitadas en la ventana Equipo, desplegar el menú Páginas recientes haciendo clic sobre el icono 🔽 y seleccionar la carpeta deseada.

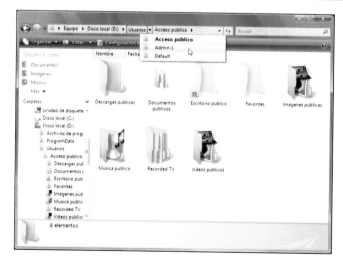

4. También se puede acceder a cualquier carpeta de la ruta actualmente seleccionada, haciendo clic sobre el icono 🔽 del cuadro Ubicaciones y seleccionando la carpeta deseada.

Ordenar, agrupar y apilar iconos

Para reordenar los iconos de la carpeta actual en la ventana Equipo:

1. Hacer clic con el botón derecho del ratón sobre cualquier espacio vacío del área de trabajo de la ventana.

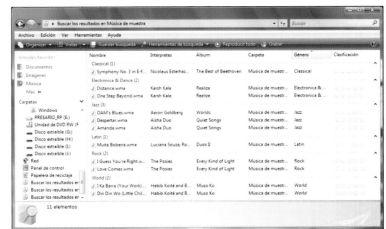

2. Desplegar el submenú Ordenar por y seleccionar el tipo de ordenación deseado: nombre, fecha de modificación, tipo, carpeta, tamaño, autores, intérpretes, álbum, género, etiquetas, ordenación ascendente, o descendente, etc.

Para modificar el tipo de agrupación de los iconos de la carpeta actual:

1. Hacer clic con el botón derecho del ratón sobre cualquier espacio vacío del área de trabajo de la ventana.

2. Desplegar el submenú Agrupar por y seleccionar el tipo de agrupación deseado: nombre, fecha de modificación, tipo, carpeta, tamaño, autores, intérpretes, álbum, género, etiquetas, ordenación ascendente, ordenación descendente, etc.

Para apilar los iconos de la carpeta actual:

1. Hacer clic con el botón derecho del ratón sobre cualquier espacio vacío del área de trabajo de la ventana.

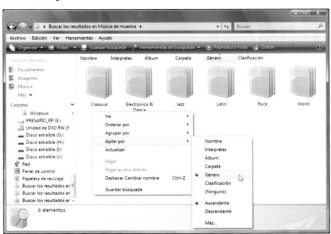

2. Desplegar el submenú Apilar por y seleccionar el tipo de apilación deseado: nombre, fecha de modificación, tipo, carpeta, tamaño, autores, intérpretes, álbum, género, etiquetas, ordenación ascendente, ordenación descendente, etc.

Seleccionar archivos

Para seleccionar un grupo de archivos contiguos:

1. Situar el puntero del ratón sobre el primero de los archivos del grupo y hacer clic con el botón izquierdo del ratón para seleccionarlo.

2. Mantener pulsada la tecla **Mayús** y hacer clic sobre el último de los archivos del grupo que se desea seleccionar.

O bien:

1. Situar el puntero del ratón sobre cualquiera de las esquinas de un marco imaginario que encierre todos los archivos que se desean seleccionar.

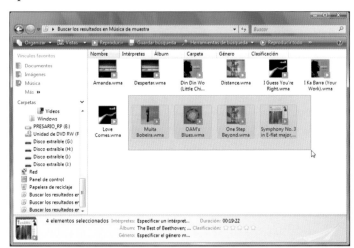

2. Hacer clic con el botón izquierdo del ratón y arrastrarlo hasta abarcar todos los archivos.

Para seleccionar un grupo de archivos no contiguos:

1. Situar el puntero del ratón sobre el primero de los archivos del grupo y hacer clic con el botón izquierdo del ratón.
2. Mantener pulsada la tecla **Control** mientras se hace clic sobre cada uno de los archivos que se desean seleccionar.

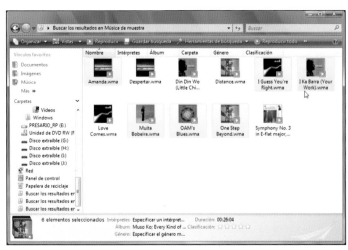

Mover y copiar archivos

1. Seleccionar el archivo o grupo de archivos que se desea mover o copiar.

2. Mantener presionado el botón izquierdo del ratón y arrastrar los archivos hacia la carpeta de destino en el panel de carpetas.

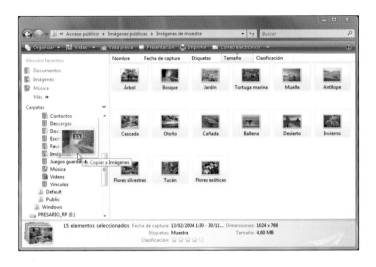

 Las teclas **Control** y **Mayús** permiten modificar el comportamiento de la mayoría de las operaciones del ratón.

3. Para crear una copia de los archivos (en lugar de moverlos), mantener presionada la tecla **Control**.

4. Para crear un acceso directo de los archivos, mantener presionada la combinación de teclas **Control-Mayús**.

5. Finalmente, soltar el botón del ratón para validar la operación o pulsar la tecla **Esc** para cancelarla.

Crear carpetas

1. Seleccionar la unidad de disco o carpeta donde se desea crear la nueva carpeta.

2. Hacer clic sobre cualquier espacio vacío del área de trabajo de la ventana para abrir su menú contextual.

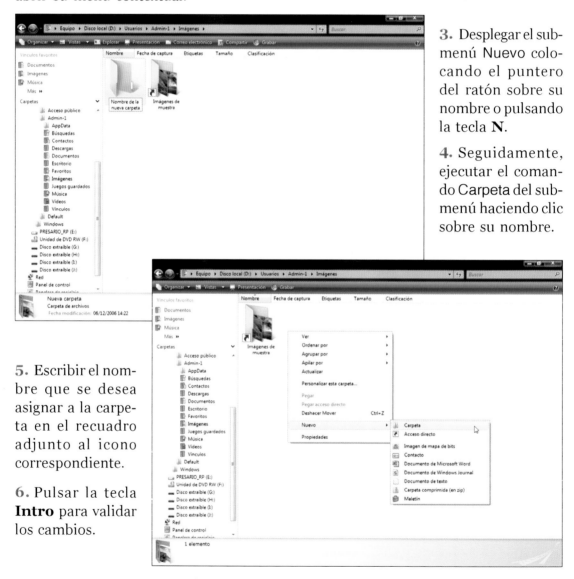

3. Desplegar el submenú Nuevo colocando el puntero del ratón sobre su nombre o pulsando la tecla **N**.

4. Seguidamente, ejecutar el comando Carpeta del submenú haciendo clic sobre su nombre.

5. Escribir el nombre que se desea asignar a la carpeta en el recuadro adjunto al icono correspondiente.

6. Pulsar la tecla **Intro** para validar los cambios.

Nota

El término carpeta es equivalente al de directorio en otras versiones de Windows y otros sistemas operativos. Una carpeta sirve para mantener agrupados documentos, aplicaciones o cualquier otro elemento del entorno.

Eliminar archivos

1. Seleccionar el archivo o grupo de archivos que se desean eliminar.

2. Pulsar la tecla **Supr**.

3. Hacer clic sobre el botón **Sí** del cuadro de diálogo Eliminar archivo o Eliminar elementos múltiples para eliminar el archivo o sobre **No** para cancelar la operación.

O bien:

1. Seleccionar el archivo o grupo de archivos que se desean eliminar y hacer clic sobre ellos con el botón derecho del ratón para abrir el menú contextual.

2. Ejecutar el comando Eliminar haciendo clic sobre su nombre o pulsando la tecla **L**.

3. Hacer clic sobre el botón **Sí** del cuadro de diálogo Eliminar archivo o Eliminar elementos múltiples para eliminar el archivo o sobre **No** para cancelar la operación.

O bien:

1. Seleccionar el archivo o grupo de archivos que se desean eliminar y, manteniendo presionado el botón izquierdo del ratón, arrastrarlos hacia el icono de la Papelera de reciclaje en el panel de carpetas.

2. Soltar el botón del ratón.

La papelera de reciclaje

Para vaciar el contenido de la Papelera de reciclaje:

1. En el panel de carpetas de la ventana, seleccionar el icono de la Papelera de reciclaje haciendo clic sobre su nombre.

2. Hacer clic sobre el botón **Vaciar la Papelera de reciclaje** de la barra de comandos de la ventana.

3. En el cuadro de mensaje Eliminar archivo o Eliminar elementos múltiples, hacer clic sobre el botón **Sí** para vaciar la Papelera de reciclaje o sobre **No** para cancelar la operación.

Para recuperar una carpeta o archivo de la Papelera de reciclaje:

1. En el panel de carpetas de la ventana, seleccionar el icono de la Papelera de reciclaje haciendo clic sobre su nombre.

2. En el área de trabajo de la ventana, seleccionar el archivo, carpeta o grupo de archivos o carpetas que se desea recuperar.

3. Hacer clic sobre los botones **Restaurar este elemento** o **Restaurar los elementos seleccionados** de la barra de comandos de la ventana.

Personalizar carpetas

1. En el panel de carpetas de la ventana, seleccionar la carpeta que se desea personalizar haciendo clic sobre su icono.

2. Abrir el menú desplegable del botón **Organizar** de la barra de comandos y ejecutar el comando Propiedades.

3. En el cuadro de diálogo de propiedades, activar la ficha Personalizar.

4. En la sección ¿Qué clase de carpeta desea? seleccionar el tipo de contenido de la carpeta mediante la lista desplegable correspondiente.

5. En la sección Imágenes de carpeta, hacer clic sobre el botón **Elegir archivo**.

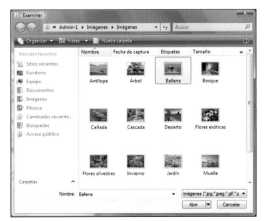

6. En el cuadro de diálogo Examinar, localizar el archivo de imagen que se desea asignar a la carpeta o escribir directamente su ubicación en el cuadro de texto Nombre. Hacer clic sobre el botón **Abrir**.

7. En la sección Iconos de carpeta, hacer clic sobre el botón **Cambiar icono**.

8. Seleccionar cualquiera de los iconos disponibles en la lista del cuadro de diálogo Cambiar icono para la carpeta y hacer clic sobre el botón **Aceptar**.

9. Hacer clic sobre **Aceptar** en el cuadro de diálogo de propiedades para validar los cambios.

Capítulo 4
Carpetas y funciones especiales

Grabar un disco

1. En la ventana Equipo, localizar y seleccionar la carpeta cuyo contenido se desea grabar en un disco.

2. Hacer clic sobre el botón **Grabar** de la barra de comandos.

3. Cuando aparezca el mensaje correspondiente en pantalla, insertar un disco vacío en la grabadora del sistema.

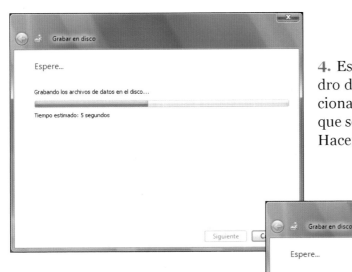

4. Escribir el título del disco en el cuadro de texto correspondiente y seleccionar el tipo de sistema de archivos que se desea emplear en la grabación. Hacer clic sobre el botón **Siguiente**.

5. Hacer clic sobre el botón **Grabar en disco** de la barra de comandos de la ventana.

6. Se iniciará el proceso de grabación. Cuando finalice, se expulsará automáticamente el disco.

Realizar una presentación de imágenes

1. Abrir la carpeta Imágenes haciendo clic sobre su vínculo en el menú Inicio y abrir la carpeta Imágenes de muestra (o bien, abrir cualquier otra carpeta que contenga una colección de imágenes).

2. A continuación, hacer clic sobre el botón **Presentación** de la barra de comandos.

3. Los botones centrales de la barra de reproducción, permiten retroceder a la imagen anterior, pausar la presentación o avanzar a la siguiente imagen respectivamente.

4. Hacer clic sobre el botón **Temas** y seleccionar la modalidad de presentación deseada en su menú contextual.

5. Hacer clic sobre el botón **Configuración** para configurara las características de la presentación: velocidad, orden aleatorio o secuencial, repetición de las imágenes en bucle y silenciado de las presentaciones con sonido.

6. Para finalizar la presentación, hacer clic sobre **Salir**.

Reproducir música

1. Abrir la carpeta Música haciendo clic sobre su vínculo en el menú Inicio y abrir la carpeta Música de muestra (o bien, abrir cualquier otra carpeta que contenga archivos de música o vídeos).

2. Seleccionar el archivo o grupo de archivos que se desean reproducir.

3. Hacer clic sobre el botón **Reproducir todo** de la barra de comandos de la ventana para reproducir los archivos seleccionados o todo el contenido de la carpeta o hacer clic sobre el botón **Reproducir** para reproducir solamente los archivos seleccionados. Se abrirá la ventana del Reproductor de Windows Media y comenzará la reproducción de los archivos.

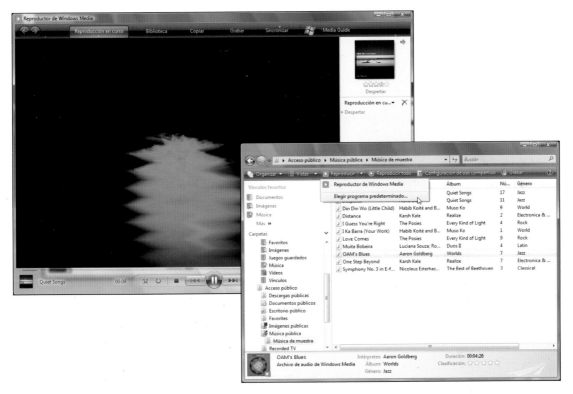

Si se selecciona solamente un archivo en la ventana, el botón **Reproducir** permitirá elegir el reproductor con el que se desea reproducir dicho archivo. Si desea elegir un reproductor distinto al Reproductor de Windows Media, haga clic sobre la opción Elegir un programa determinado del menú desplegable del botón, elija el programa en el cuadro de diálogo Abrir con y haga clic sobre el botón **Aceptar**.

Herramientas para juegos

1. Abrir la carpeta Juegos haciendo clic en su vínculo del menú Inicio.

2. Hacer clic sobre el botón **Opciones** de la barra de comandos para acceder a las opciones de configuración de la carpeta Juegos: descargar información sobre juegos, historial de juegos, etc. Hacer clic sobre **Aceptar**.

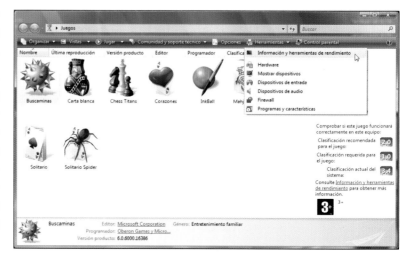

3. Hacer clic sobre el botón **Herramientas** de la barra de comandos para abrir su menú desplegable.

4. Hacer clic sobre el comando correspondiente al tipo de herramienta de configuración que se desee utilizar.

Comando	Descripción
Información y herramientas de rendimiento	Evalúa el rendimiento global del equipo. Windows Vista realiza una evaluación del sistema en función de sus capacidades de procesador, memoria RAM, gráficos y velocidad de transferencia del disco duro.
Hardware	Abre la ventana del panel de control para configurar el hardware conectado al equipo.
Mostrar dispositivos	Abre el cuadro de diálogo Configuración de pantalla para modificar la configuración del monitor del equipo.
Dispositivos de entrada	Permite controlar dispositivos de juegos conectados al sistema, tales como joystick, keypad, volantes, etc.
Dispositivos de audio	Abre el cuadro de diálogo Sonido, para configurar el funcionamiento de los dispositivos de sonido del sistema.
Firewall	Es un acceso directo a la herramienta Firewall de Windows para controlar y limitar el acceso del sistema al exterior mediante la configuración de un cortafuegos.
Programas y características	Muestra un listado de las aplicaciones instaladas en el sistema para desinstalarlas o cambiar su configuración.

Búsquedas

1. Abrir la ventana de la carpeta Resultado de la búsqueda haciendo clic sobre el vínculo Buscar del menú Inicio.

2. En el cuadro de texto de la esquina superior derecha de la ventana, escribir el texto que coincida en parte o en su totalidad con el nombre del elemento que se desea localizar. No es necesario pulsar la tecla **Intro**. La búsqueda se inicia de forma automática.

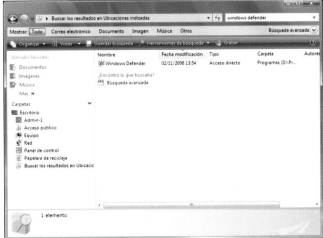

3. Para reducir rápidamente los resultados de la búsqueda, hacer clic sobre los botones de la sección Búsqueda avanzada (situados sobre la barra de comandos): **Todo** (para mostrar todos los resultados de la búsqueda), **Correo electrónico**, **Documento**, **Imagen**, **Música** y **Otros** (para mostrar los elementos que no coinciden con las categorías anteriores).

4. Para realizar una búsqueda con criterios avanzados, desplegar el panel de búsqueda avanzada haciendo clic sobre el icono ⊙ situado a la derecha de su etiqueta.

5. En la lista desplegable Ubicación, especificar la carpeta o elemento donde se desea iniciar el proceso de búsqueda. Para especificar una carpeta en concreto, seleccionar la opción ¿Dónde desea buscar? En el cuadro de diálogo Elegir ubicaciones de búsqueda, activar las casillas de verificación correspondientes a las carpetas o elementos donde se desea restringir la búsqueda y hacer clic sobre el botón **Aceptar**.

6. En la lista desplegable Fecha, seleccionar el tipo de fecha por el que se desean especificar los criterios de la búsqueda: Fecha, Fecha de modificación o Fecha de creación. En la lista desplegable contigua, seleccionar las opciones cualquiera (para localizar los elementos de cualquier fecha), es (para localizar solamente los elementos cuya fecha es igual a la especificada), antes del (para localizar los elementos cuya fecha es anterior a la especificada) o después del (para localizar los elementos posteriores a la fecha especificada). Finalmente, en la tercera lista desplegable, seleccionar la fecha que se desea utilizar como criterio para la búsqueda.

7. En la lista desplegable Tamaño (KB), seleccionar las opciones cualquiera (para localizar los elementos de cualquier tamaño), es igual a (para los elementos cuyo tamaño es igual al especificado), es inferior a (para localizar los elementos cuyo tamaño es menor al especificado) o es superior a (para localizar los elementos con un tamaño mayor al especificado). Finalmente, en el cuadro de texto contiguo, escribir el tamaño de referencia (en Kb) para el criterio de búsqueda.

8. Activar si se desea la casilla de verificación Incluir archivos no indizados, ocultos y del sistema para incluir en la búsqueda los archivos que no están asociados al índice y los archivos ocultos y del sistema.

9. En el cuadro de texto Nombre, escribir todo o parte del nombre del archivo que se desea localizar.

10. En el cuadro de texto Etiquetas, escribir las etiquetas (palabras clave asociadas al archivo que facilitan su búsqueda) que puede contener el archivo que se intenta localizar.

11. En el cuadro de texto Autores, especificar los posibles autores del archivo que se desea localizar.

12. Para iniciar la búsqueda, hacer clic sobre el botón **Buscar**.

Para almacenar los resultados de la búsqueda actual:

1. Hacer clic sobre el botón **Guardar búsqueda** de la barra de comandos.

2. En el cuadro de texto Nombre del cuadro de diálogo Guardar como, escribir el nombre que se desea asignar a la búsqueda.

3. Hacer clic sobre el botón **Aceptar**.

Programas predeterminados

1. Abrir la carpeta Programas predeterminados haciendo clic sobre su vínculo en el menú Inicio.

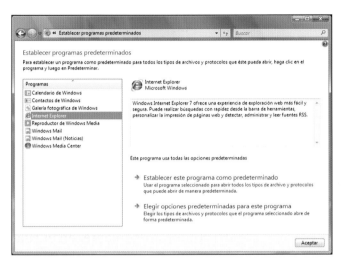

2. Para convertir un programa en predeterminado para todos los tipos de archivos asociados, hacer clic sobre el vínculo Establecer programas predeterminados.

3. En la lista Programas, seleccionar el programa que se desea establecer como predeterminado.

4. Hacer clic sobre el vínculo Establecer este programa como predeterminado y hacer clic sobre **Aceptar** para cerrar la ventana.

5. Para asociar un tipo de archivo a un programa determinado, hacer clic sobre el vínculo Asociar un tipo de archivo o protocolo con un programa.

6. En la lista de tipos de archivos, seleccionar el tipo cuyo programa predeterminado se desee modificar.

7. Hacer clic sobre el botón **Cambiar programa**.

8. En el cuadro de diálogo Abrir con, seleccionar el programa para el que se desee predeterminar el tipo de archivo seleccionado y hacer clic sobre el botón **Aceptar**.

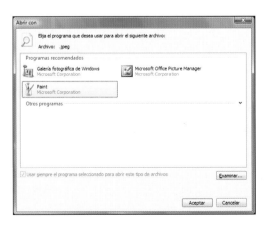

9. Hacer clic sobre el botón **Cerrar** para cerrar la ventana Asociar un tipo de archivo o protocolo con un determinado programa.

10. Para cambiar la configuración de reproducción automática de CD, DVD y otros tipos de archivos, hacer clic sobre el vínculo Cambiar configuración de Reproducción automática.

11. Activar la casilla de verificación Usar la reproducción automática para todos los medios y dispositivos para iniciar automáticamente la reproducción en todos los dispositivos del sistema.

12. Para cada tipo de medio o dispositivo, seleccionar en la lista contigua a su nombre, el tipo de acción que se desea realizar cuando sea detectado.

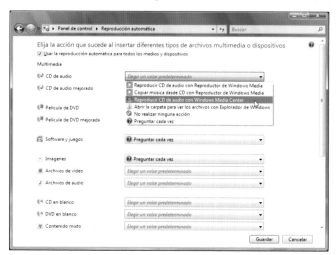

13. Hacer clic sobre el botón **Guardar** para almacenar los cambios.

14. Para configurar los programas predeterminados para acciones específicas del sistema, hacer clic sobre el vínculo Configurar acceso y programas predeterminados en el equipo. Si el sistema solicita permiso para continuar, hacer clic sobre el botón **Continuar**.

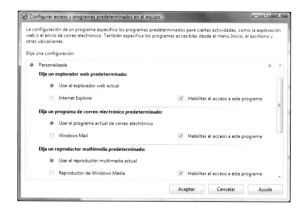

15. Para establecer una configuración personalizada, activar la opción del mismo nombre en la ventana Configurar acceso y programas predeterminados en el equipo.

16. En las categorías definidas para las distintas acciones estándar del sistema, activar la opción correspondiente al tipo de programa que se desee utilizar. Utilizar la casilla de verificación contigua a cada nombre de programa para habilitar o deshabilitar el acceso a dicho programa.

17. Hacer clic sobre el botón **Aceptar** para validar los cambios.

18. Cerrar la ventana Programas predeterminados.

Ayuda y soporte técnico

1. Hacer clic sobre el vínculo Ayuda y soporte técnico del menú Inicio.

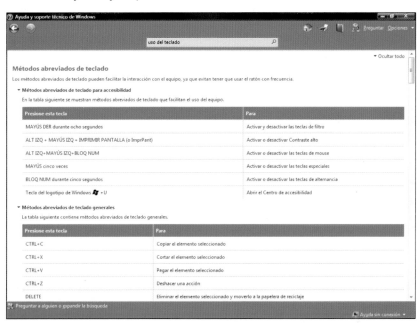

2. En el cuadro de texto del borde superior de la ventana, escribir el texto que describe el tema de ayuda que se desea localizar.

3. Pulsar la tecla **Intro** o hacer clic sobre **Buscar en la ayuda** 🔎.

 En algunos temas de ayuda, encontrará una sección bajo el epígrafe Consulte también con vínculos a otros temas de ayuda relacionados con el que se está consultando.

4. En la lista de resultados localizados, hacer clic sobre el vínculo de la información que mejor se ajuste a las necesidades.

5. Hacer clic sobre el vínculo correspondiente al tema de ayuda que se desea consultar para desplegar su contenido o bien, hacer clic sobre el vínculo Mostrar todo para desplegar todo el contenido del texto de ayuda.

Capítulo 5
Configuración
de Windows Vista

Copias de seguridad y restauración

1. Abrir la ventana del Panel de control de Windows haciendo clic sobre el vínculo Panel de control del menú Inicio.

2. En la ventana del Panel de control, hacer clic sobre el vínculo Sistema y mantenimiento y, a continuación, sobre el vínculo Centros de copias de seguridad y restauración.

Para realizar una copia de seguridad de un conjunto de archivos del equipo:

1. En la ventana Centro de copias de seguridad y restauración, hacer clic sobre el botón **Copias de seguridad de archivos**. Si el sistema solicita permiso para continuar, hacer clic sobre el botón **Continuar**.

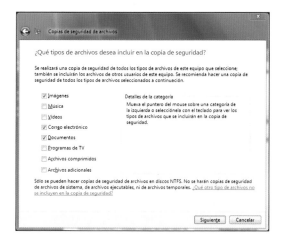

2. En el primer cuadro de diálogo del asistente, seleccionar el tipo de destino de la copia de seguridad (unidad de disco, CD o DVD o unidad de red) y la ubicación deseada. Hacer clic sobre el botón **Siguiente**.

3. Especificar las unidades de disco que se desean incluir en la copia de seguridad activando o desactivando las casillas de verificación correspondientes y hacer clic sobre el botón **Siguiente**.

4. Especificar los tipos de archivos que se desean incluir en la copia de seguridad activando o desactivando las casillas de verificación de las categorías de archivos disponibles. Hacer clic sobre el botón **Siguiente**.

5. Especificar la frecuencia para la realización de las copias de seguridad mediante las listas desplegables Frecuencia, Día y Hora.

6. Hacer clic sobre el botón **Guardar configuración e iniciar copia de seguridad**.

7. Si es necesario, etiquetar un disco para la copia de seguridad, introducirlo en la unidad correspondiente y hacer clic sobre el botón **Aceptar**.

8. Una vez finalizada la copia de seguridad, hacer clic sobre el botón **Cerrar**.

Para restaurar una serie de archivos de una copia de seguridad:

1. En la ventana Centro de copias de seguridad y restauración, hacer clic sobre el botón **Restaurar archivos**.

2. En el cuadro de diálogo ¿Qué desea restaurar?, seleccionar si se desea restaurar la última copia de seguridad realizada o una copia anterior (en este caso, será

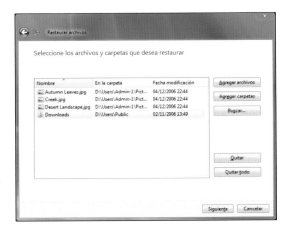

necesario especificar la copia que se desea restaurar en el siguiente cuadro de diálogo del asistente) y hacer clic sobre el botón **Siguiente**.

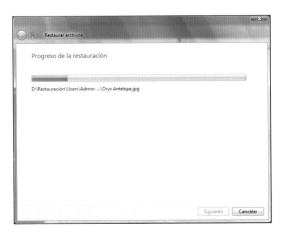

3. Hacer clic sobre los botones **Agregar archivos** y **Agregar carpetas** para seleccionar los archivos y carpetas que se desean restaurar.

4. Para eliminar un archivo o carpeta de la restauración de archivos, seleccionarlo en la lista y hacer clic sobre el botón **Quitar** o hacer clic sobre el botón **Quitar todo** para eliminar todos los elementos de la listas. Hacer clic sobre el botón **Siguiente**.

5. Especificar la ubicación donde se desean restaurar los archivos y carpetas seleccionados (en su ubicación original o en una ubicación específica) y hacer clic sobre el botón **Iniciar restauración**.

6. Una vez completado el proceso de recuperación, hacer clic sobre el botón **Finalizar** y cerrar la ventana Centro de copias de seguridad y restauración.

Windows Update

1. Abrir la ventana del Panel de control de Windows haciendo clic sobre el vínculo Panel de control del menú Inicio.

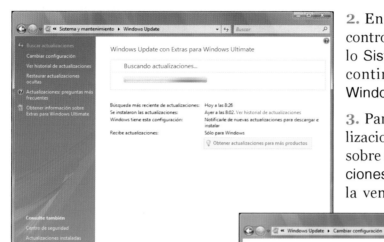

2. En la ventana del Panel de control, hacer clic sobre el víncu-lo Sistema y mantenimiento y, a continuación, sobre el vínculo Windows Update.

3. Para buscar las últimas actua-lizaciones de Windows, hacer clic sobre el vínculo Buscar actualiza-ciones, en el panel izquierdo de la ventana.

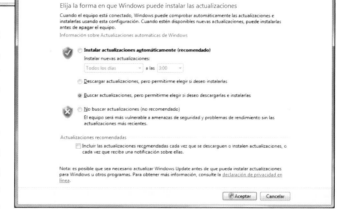

4. Para planificar la búsqueda automática de actualizaciones, hacer clic sobre el vínculo Cam-biar configuración del panel iz-quierdo de Windows Update.

5. Seleccionar el tipo de búsque-da automática de actualizaciones que se desea utilizar: instalación automática, descarga automáti-ca, búsqueda automática o bús-queda desactivada y, si corresponde, especificar el momento en que se realizará la instalación de las nuevas actualizaciones.

6. Una vez configurada la aplicación, hacer clic sobre el botón **Aceptar**.

7. Hacer clic sobre el vínculo Ver historial de actualizaciones, para conocer todas las actualizaciones instaladas en el sistema. Hacer clic sobre el botón **Aceptar** una vez finalizado el examen.

 Para eliminar del sistema cualquiera de las actualizaciones instaladas en el sistema, haga clic sobre el vínculo Actualizaciones instaladas de la venta-na Ver historial de actualizaciones.

Opciones de energía

1. Abrir la ventana del Panel de control de Windows haciendo clic sobre el vínculo Panel de control del menú Inicio.

2. En la ventana del Panel de control, hacer clic sobre el vínculo Sistema y mantenimiento y, a continuación, sobre el vínculo Opciones de energía.

3. En la ventana Seleccionar un plan de energía, activar la opción correspondiente al plan de energía que se desee establecer.

4. Para establecer un plan de energía personalizado, hacer clic sobre el vínculo Crear un plan de energía en el panel izquierdo de la ventana.

5. En el cuadro de texto Nombre del plan, escribir el nombre que se desea asignar al nuevo plan de energía

6. Especificar el plan de energía más próximo al plan que se desea establecer mediante los botones de opción correspondientes y hacer clic sobre **Siguiente**.

7. Especificar el tiempo deseado de inactividad para desactivar el funcionamiento del monitor y para poner el equipo en estado de suspensión mediante las listas desplegables correspondientes y hacer clic sobre el botón **Crear** para generar el plan.

8. Para configurar el comportamiento del botón de encendido del ordenador y para especificar el requerimiento de una contraseña al reactivarse el sistema, hacer clic sobre los vínculos Requerir contraseña al reactivarse o Elegir el comportamiento del botón de encendido del panel izquierdo de la ventana.

9. Seleccionar el comportamiento deseado del botón de encendido mediante la lista desplegable de la ventana y activar la opción correspondiente al tipo de requerimiento de contraseña que se pretenda establecer.

10. Hacer clic sobre el botón **Guardar cambios** para almacenar los cambios.

Indización

1. Abrir la ventana del Panel de control de Windows haciendo clic sobre el vínculo Panel de control del menú Inicio.

2. En la ventana del Panel de control, hacer clic sobre el vínculo Sistema y mantenimiento y, a continuación, sobre el vínculo Opciones de indización.

3. En el cuadro de diálogo Opciones de indización, hacer clic sobre el botón **Modificar**.

4. Hacer clic sobre el botón **Mostrar todas las ubicaciones**. Si el sistema solicita permiso para continuar, hacer clic sobre el botón **Continuar**.

5. En la lista Cambiar ubicaciones seleccionadas, localizar y activar la casilla de verificación de la carpeta que se desee añadir a la lista de indización.

6. Hacer clic sobre el botón **Aceptar**.

7. Hacer clic sobre el botón **Opciones avanzadas**. Si el sistema solicita permiso para continuar, hacer clic sobre el botón **Continuar**.

8. En el cuadro de diálogo Opciones avanzadas, especificar si se desean indexar los archivos cifrados, el tratamiento de palabras similares con símbolos diacríticos y la ubicación deseada para el almacenamiento del índice.

9. Para reconstruir los índices de las ubicaciones actualmente seleccionadas, hacer clic sobre el botón **Reconstruir**.

10. Para restaurar los índices a su configuración original, hacer clic sobre el botón **Restaurar predeterminados**.

11. Hacer clic sobre el botón **Aceptar** para cerrar el cuadro de diálogo Opciones avanzadas y cerrar el cuadro de diálogo Opciones de indización haciendo clic sobre el botón **Cerrar**.

Problemas y soluciones

1. Abrir la ventana del Panel de control de Windows haciendo clic sobre el vínculo Panel de control del menú Inicio.

2. En la ventana del Panel de control, hacer clic sobre el vínculo Sistema y mantenimiento y, a continuación, sobre el vínculo Informes de problemas y soluciones.

3. Para conocer el historial de problemas que se han producido en el sistema, hacer clic sobre el vínculo Ver historial de problemas en el panel izquierdo de la ventana.

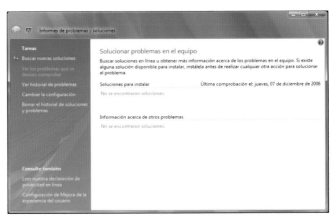

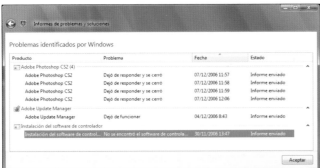

4. Para conocer los detalles sobre un problema en particular, hacer doble clic sobre su entrada.

5. Hacer clic dos veces sobre **Aceptar** para regresar a la ventana principal de Informes de problemas y soluciones.

6. Para iniciar la búsqueda de nuevas soluciones, hacer clic sobre el vínculo Buscar nuevas soluciones del panel izquierdo de la ventana.

7. Para modificar el comportamiento de la herramienta de informes de problemas y soluciones, hacer clic sobre el vínculo Cambiar la configuración en el panel izquierdo de la ventana.

8. Especificar si se desea buscar soluciones a los problemas de forma automática o si es necesario solicitar la aceptación del usuario antes de enviar un informe de problemas y hacer clic sobre **Aceptar**.

Rendimiento

1. Abrir la ventana del Panel de control de Windows haciendo clic sobre el vínculo Panel de control del menú Inicio.

2. En la ventana del Panel de control, hacer clic sobre el vínculo Sistema y mantenimiento y, a continuación, sobre el vínculo Información y herramientas de rendimiento.

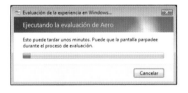

3. Para actualizar la evaluación de rendimiento del equipo, hacer clic sobre el vínculo Actualizar la puntuación, en la esquina inferior derecha de la ventana. Si el sistema solicita permiso para continuar, hacer clic sobre el botón **Continuar**.

4. Para configurar los aspectos visuales relacionados con el rendimiento del sistema, hacer clic sobre el vínculo Ajustar efectos visuales en el panel izquierdo de la ventana. Si el sistema solicita permiso para continuar, hacer clic sobre el botón **Continuar**.

5. En la ficha Efectos visuales del cuadro de diálogo Opciones de rendimiento, seleccionar la configuración de rendimiento predeterminada deseada o elegir la opción Personalizar y activar o desactivar las diferentes casillas de verificación de la lista para definir una configuración de rendimiento personalizada.

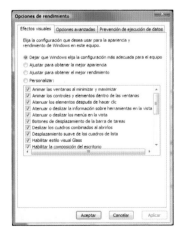

6. Hacer clic sobre el botón **Aceptar** para cerrar el cuadro de diálogo Opciones de rendimiento.

Liberar espacio en disco

1. Abrir la ventana del Panel de control de Windows haciendo clic sobre el vínculo Panel de control del menú Inicio.

2. En la ventana del Panel de control, hacer clic sobre el vínculo Sistema y mantenimiento y, a continuación, hacer clic sobre el vínculo Liberar espacio en disco situado bajo el epígrafe Herramientas administrativas.

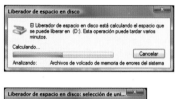

3. En el cuadro de diálogo Opciones del Liberador de espacio en disco, hacer clic sobre la opción correspondiente al conjunto de archivos que se desean liberar: sólo los archivos del usuario actual o los archivos de todos los usuarios del ordenador.

4. En el cuadro de diálogo de selección de unidad, escoger la unidad de disco que se desea liberar y hacer clic sobre el botón **Aceptar**.

5. En la lista Archivos que se pueden eliminar del cuadro de diálogo Liberador de espacio en disco, seleccionar los elementos que se desean liberar activando sus casillas de verificación.

6. A continuación, hacer clic sobre el botón **Aceptar** para iniciar el proceso.

7. En el cuadro de mensaje que aparece en pantalla, hacer clic sobre el botón **Eliminar archivos** para confirmar la eliminación de los archivos seleccionados o sobre **Cancelar** para cerrar la aplicación.

Desfragmentar el disco duro

1. Abrir la ventana del Panel de control de Windows haciendo clic sobre el vínculo Panel de control del menú Inicio.

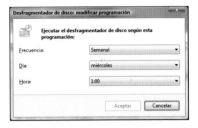

2. En la ventana del Panel de control, hacer clic sobre el vínculo Sistema y mantenimiento y, a continuación, sobre el vínculo Desfragmentar el disco duro situado bajo el epígrafe Herramientas administrativas. Si el sistema solicita permiso para continuar, hacer clic sobre el botón **Continuar**.

3. Para cambiar la programación de la desfragmentación automática de disco, hacer clic sobre el botón **Modificar la programación**.

4. En el cuadro de diálogo que aparece en pantalla, seleccionar la frecuencia, el día y la hora en el que se desea iniciar la desfragmentación de disco y hacer clic sobre el botón **Aceptar**.

5. Para iniciar la desfragmentación de disco, hacer clic sobre el botón **Desfragmentar ahora** del cuadro de diálogo Desfragmentador de disco. Una que haya concluido el proceso, hacer clic sobre el botón **Cerrar** para cerrar definitivamente la herramienta.

Nota: Se puede detener el proceso de desfragmentación en cualquier momento haciendo clic sobre el botón **Cancelar la desfragmentación**.

Comprobar el estado de seguridad del equipo

1. Abrir la ventana del Panel de control de Windows haciendo clic sobre el vínculo Panel de control del menú Inicio.

2. En la ventana del Panel de control, hacer clic sobre el vínculo Comprobar el estado de seguridad del equipo situado bajo el epígrafe Seguridad. La ventana Centro de seguridad de Windows, muestra el estado de las diferentes herramientas de seguridad disponibles en el sistema: cortafuegos, actualizaciones, protección antivirus y *malware*, seguridad en Internet y control de cuentas de usuario.

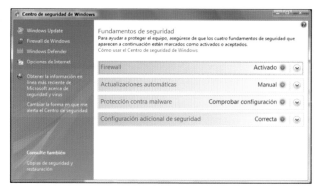

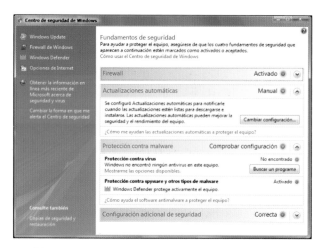

3. Para conocer en detalle el estado de protección de cada una de las herramientas de seguridad de Windows, hacer clic sobre su etiqueta en la ventana Centro de seguridad de Windows o sobre el botón situado a su derecha.

4. En ocasiones, cuando el sistema tiene la capacidad de ayudar al usuario a corregir alguno de los problemas de seguridad presentes en su sistema, puede ofrecer un botón de acción o un vínculo que le guiará directamente a través de los pasos necesarios para solucionar dicha carencia de seguridad.

5. Para modificar la configuración de cualquiera de las herramientas de seguridad disponibles en Windows Vista, hacer clic sobre el vínculo correspondiente en el panel izquierdo de la ventana: Windows Update, Firewall de Windows, Windows Defender u Opciones de Internet.

6. Para cambiar el formato de las notificaciones de alerta de seguridad de Windows, hacer clic sobre el vínculo Cambiar la forma en que me alerta el Centro de seguridad.

7. En el cuadro de diálogo Centro de seguridad de Windows, hacer clic sobre la opción que describa el comportamiento deseado para las notificaciones del centro de seguridad.

Firewall de Windows

1. Abrir la ventana del Panel de control de Windows haciendo clic sobre el vínculo Panel de control del menú Inicio.

2. En la ventana del Panel de control, hacer clic sobre el vínculo Seguridad y, a continuación, sobre el vínculo Firewall de Windows.

3. Para activar o desactivar la herramienta Firewall de Windows, hacer clic sobre el vínculo Activar o desactivar Firewall de Windows en el panel izquierdo de la ventana. Si el sistema solicita permiso para continuar, hacer clic sobre el botón **Continuar**.

4. Activar o desactivar la herramienta haciendo clic sobre los botones de opción correspondientes. Para bloquear todas las conexiones de entrada al equipo, activar la casilla de verificación del mismo nombre. Una vez completada la configuración, hacer clic sobre el botón **Aceptar**.

5. Para permitir que un programa determinado pueda atravesar el cortafuegos de Windows, hacer clic sobre el vínculo Permitir un programa a través del Firewall de Windows del panel izquierdo de la ventana. Si el sistema solicita permiso para continuar, hacer clic sobre el botón **Continuar**.

6. En la lista del cuadro de diálogo Configuración de Firewall de Windows, activar las casillas de verificación correspondientes a los programas o puertos que se deseen habilitar para su paso a través del cortafuegos.

7. Para añadir un nuevo programa a la lista, hacer clic sobre el botón **Agregar programa**. Seleccionar el nuevo programa en la lista o hacer clic sobre el botón **Examinar** para localizarlo en el sistema. Hacer clic sobre el botón **Aceptar** para añadirlo a la lista de excepciones.

8. Finalmente, hacer clic sobre el botón **Aceptar** para cerrar el cuadro de diálogo Configuración de Firewall de Windows.

Windows Defender

1. Abrir la ventana del Panel de control de Windows haciendo clic sobre el vínculo Panel de control del menú Inicio.

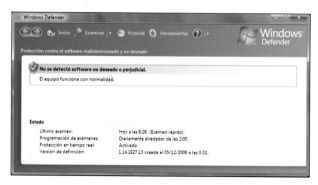

2. En la ventana del Panel de control, hacer clic sobre el vínculo Seguridad y, a continuación, sobre el vínculo Windows Defender.

3. Para iniciar un examen del sistema en busca de software malintencionado, hacer clic sobre el botón **Examinar** de la barra de comandos.

4. Para conocer el historial de software malintencionado detectado, hacer clic sobre el botón **Historial** de la barra de comandos.

5. Para programar la búsqueda periódica de software malintencionado en el ordenador, hacer clic sobre el botón **Herramientas** de la barra de comandos.

6. A continuación, hacer clic sobre el vínculo Opciones.

7. Activar la casilla de verificación Examinar equipo automáticamente y especificar la frecuencia, la hora aproximada y el tipo de examen que se desea realizar mediante las listas desplegables correspondientes.

8. Activar la casilla de verificación Comprobar las definiciones actualizadas antes de examinar, para descargar la lista más reciente de software malintencionado antes de realizar el examen.

9. Hacer clic sobre el botón **Guardar** para almacenar los cambios.

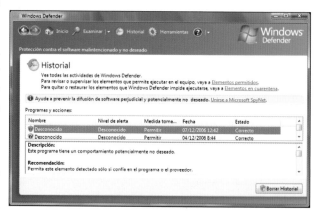

Control parental

1. Abrir la ventana del Panel de control de Windows haciendo clic sobre el vínculo Panel de control del menú Inicio.

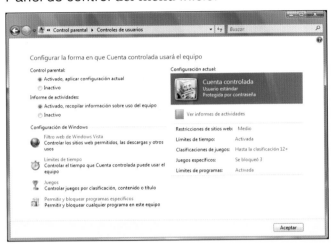

2. En la ventana del Panel de control, hacer clic sobre el vínculo Cuentas de usuario y protección infantil y, a continuación, sobre el vínculo Control parental. Si el sistema solicita permiso para continuar, hacer clic sobre el botón **Continuar**.

3. Hacer clic sobre el icono de la cuenta de usuario que se desea controlar. Dicha cuenta debe pertenecer a un usuario estándar, no a un administrador.

4. Para activar el control parental, hacer clic sobre la opción Activado, aplicar configuración actual de la sección Control parental.

5. Para iniciar la creación de un registro de informes de actividad de la cuenta, activar la opción Activado, recopilar información sobre uso del equipo de la sección Informe de actividades.

Para configurar los límites de acceso a la Web de la cuenta:

1. Hacer clic sobre el vínculo Filtro Web de Windows Vista.

2. Si es necesario, activar la opción Bloquear algunos sitios Web o algún contenido en el borde superior de la ventana.

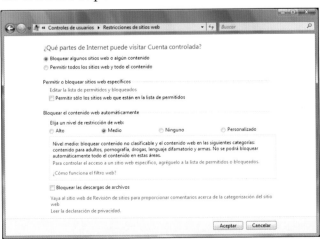

3. Si se desea especificar una lista de sitios permitidos y sitios bloqueados, activar la casilla de verificación Permitir sólo los sitios web específicos y hacer clic sobre el vínculo Editar lista de permitidos y bloqueados para especificar manualmente los sitios. En caso contrario, definir el nivel de restricción de acceso a la Web mediante las opciones disponibles en la sección Bloquear el contenido Web automáticamente.

4. Para impedir las descargas de archivos desde Internet, activar la casilla de verificación Bloquear las descargas de archivos.

5. Hacer clic sobre el botón **Aceptar** para validar los cambios.

Para establecer límites de tiempo para el uso del ordenador:

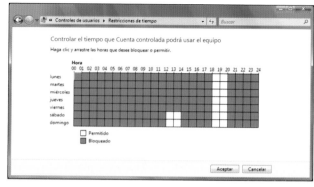

1. Hacer clic sobre el vínculo Límites de tiempo.

2. Hacer clic sobre la cuadrícula horaria para establecer los límites de utilización.

3. Hacer clic sobre el botón **Aceptar** para validar los cambios.

Para controlar el acceso a los juegos del ordenador:

1. Hacer clic sobre el vínculo Juegos.

2. Seleccionar Sí en el borde superior de la ventana si el usuario de la cuenta puede acceder a algún juego del sistema o No, para establecer un bloqueo total de los juegos.

3. Si procede, hacer clic sobre el vínculo Establecer clasificación de juego. Definir la edad máxima recomendada para los juegos que estarán disponibles en la cuenta de usuario y hacer clic sobre el botón **Aceptar**.

4. Para permitir o bloquear juegos específicos, hacer clic sobre el vínculo Bloquear o permitir juegos específicos. Activar la opción de control que se desee establecer sobre cada uno de los juegos de la lista y hacer clic sobre el botón **Aceptar**.

5. Hacer clic sobre **Aceptar** para regresar a la ventana principal del control parental.

Para permitir o bloquear el uso de programas específicos:

1. Hacer clic sobre el vínculo Permitir y bloquear programas específicos.

2. Para restringir los programas que puede utilizar el usuario de la cuenta, activar la opción *Nombre de la cuenta* sólo puede usar los programas permitidos. En la lista de la ventana, activar o desactivar las casillas de verificación correspondientes a los programas que se deseen autorizar o bloquear.

3. Hacer clic sobre el botón **Aceptar** para validar los cambios.

Agregar impresoras

1. Abrir la ventana del Panel de control de Windows haciendo clic sobre el vínculo Panel de control del menú Inicio.

2. En la ventana del Panel de control, hacer clic sobre el vínculo Impresora situado bajo el epígrafe Hardware y sonido.

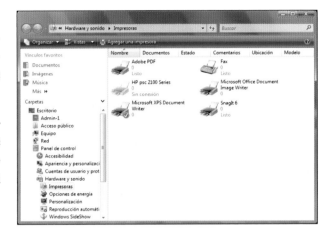

3. Hacer clic sobre el botón **Agregar una impresora** de la barra de comandos para abrir el primer cuadro de diálogo del asistente para agregar impresoras.

4. En el primer cuadro de diálogo del asistente, hacer clic sobre la opción correspondiente al tipo de impresora que se desee añadir: local o de red.

5. Si se desea instalar una impresora en red, en los cuadros de diálogo del asistente, habrá que definir la ruta de acceso del dispositivo y el nombre que se desea asignar a la impresora. Para instalar una impresora local, será necesario seleccionar además la marca y modelo del dispositivo y el puerto al que se encuentra conectada dicha impresora.

6. Una vez completado el proceso de definición de la impresora, será posible imprimir una página de prueba haciendo clic sobre el botón **Imprimir una página de prueba** del último cuadro de diálogo del asistente.

7. Hacer clic sobre el botón **Finalizar** para completar el proceso.

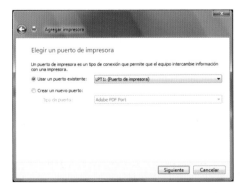

Ajustar el volumen del sistema

1. Abrir la ventana del Panel de control de Windows haciendo clic sobre el vínculo Panel de control del menú Inicio.

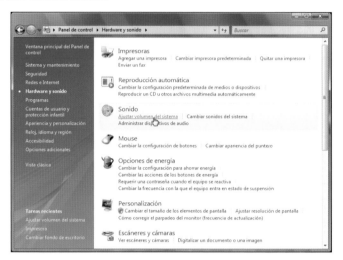

2. En la ventana del Panel de control, hacer clic sobre el vínculo Hardware y sonido.

3. Hacer clic sobre el vínculo Ajustar volumen del sistema, bajo el epígrafe Sonido.

4. En el cuadro de diálogo Mezclador de volumen, abrir el menú Dispositivo y seleccionar el dispositivo de sonido cuyo volumen se desea ajustar.

5. Arrastrar la barra deslizante del dispositivo hacia arriba para aumentar su volumen o hacia abajo para disminuirlo.

6. Para silenciar totalmente un dispositivo, hacer clic sobre el botón **Silenciar** situado bajo su barra deslizante.

También es posible acceder al cuadro de diálogo Mezclador de volumen haciendo doble clic sobre el icono de volumen en el área de notificación de la barra de tareas de Windows.

Si se sitúa el puntero del ratón sobre dicho icono, Windows mostrará la información referente al dispositivo actualmente seleccionada y al nivel de volumen actual.

Haciendo clic sobre el icono, será posible ajustar directamente el nivel de volumen del dispositivo.

Mouse

1. Abrir la ventana del Panel de control de Windows haciendo clic sobre el vínculo Panel de control del menú Inicio.

2. En la ventana del Panel de control, hacer clic sobre el vínculo Mouse situado bajo el epígrafe Hardware y sonido.

3. Activar la ficha **Botones** haciendo clic sobre su etiqueta.

4. Para intercambiar la función de los botones del ratón, seleccionar la opción Intercambiar botones primario y secundario de la sección Configuración de botones.

5. Para modificar la velocidad necesaria para que el ordenador reconozca una doble pulsación del ratón como doble clic, desplazar la barra deslizante de la sección Velocidad de doble clic entre los valores Lenta y Rápida. En el área de muestra situada en el lateral derecho de la barra deslizante, es posible probar los ajustes de velocidad haciendo doble clic sobre el icono de la carpeta.

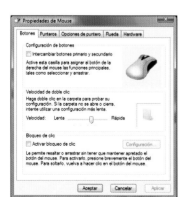

6. Para simular la presión del botón izquierdo o derecho del ratón con un solo clic, activar la casilla de verificación Activar bloqueo de clic.

7. Hacer clic sobre el botón **Aceptar** para validar los cambios.

Teclado

1. Abrir la ventana del Panel de control de Windows haciendo clic sobre el vínculo Panel de control del menú Inicio.

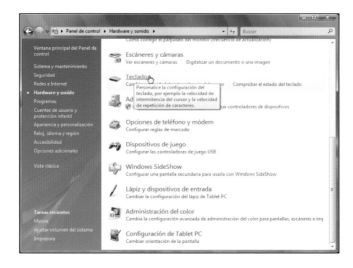

2. En la ventana del Panel de control, hacer clic sobre el vínculo Hardware y sonido.

3. Hacer clic sobre el vínculo Teclado.

4. En el cuadro de diálogo Propiedades de Teclado, activar la ficha Velocidad haciendo clic sobre su etiqueta.

5. En la sección Repetición de caracteres, definir mediante las barras deslizantes Retraso de la repetición y Velocidad de repetición el comportamiento del teclado cuando se mantiene presionada una tecla. El cuadro de texto del borde inferior de la sección, permitirá comprobar el resultado de los cambios.

6. En la sección Velocidad de intermitencia del cursor, desplazar la barra deslizante entre los valores Ninguna y Rápida para ralentizar o acelerar la frecuencia de intermitencia del cursor de edición.

7. Hacer clic sobre el botón **Aceptar** para validar los cambios.

Fecha y hora

1. Abrir la ventana del Panel de control de Windows haciendo clic sobre el vínculo Panel de control del menú Inicio.

2. En la ventana del Panel de control, hacer clic sobre el vínculo Reloj, idioma y región.

3. Hacer clic sobre el vínculo Fecha y hora.

4. En el cuadro de diálogo Fecha y hora, activar la ficha Fecha y hora haciendo clic sobre su etiqueta.

5. Hacer clic sobre el botón **Cambiar fecha y hora**. Si el sistema solicita permiso para continuar, hacer clic sobre el botón **Continuar**.

6. En el calendario de la sección Fecha, seleccionar el mes y el día del mes deseado.

7. En el cuadro de texto situado bajo la esfera del reloj, escribir la hora correspondiente con el formato horas:minutos:segundos.

8. Hacer clic sobre el botón **Aceptar**.

9. Hacer clic sobre el botón **Cambiar zona horaria**.

10. En la lista desplegable del cuadro de diálogo Configuración de zona horaria, seleccionar la zona horaria que se desee establecer.

11. Activar la casilla de verificación Ajustar el reloj automáticamente horario de verano, para adaptar el sistema a los cambios horarios de la zona en la que se encuentra ubicado el ordenador.

12. Hacer clic sobre el botón **Aceptar**. En el cuadro de diálogo Fecha y hora, hacer clic nuevamente sobre el botón **Aceptar**.

Idioma y configuración regional

1. Abrir la ventana del Panel de control de Windows haciendo clic sobre el vínculo Panel de control del menú Inicio.

2. En la ventana del Panel de control, hacer clic sobre el vínculo Reloj, idioma y región.

3. Hacer clic sobre el vínculo Configuración regional y de idioma.

4. En el cuadro de diálogo Configuración regional y de idioma, activar la ficha Formatos.

5. En la lista desplegable Formato actual, seleccionar la opción correspondiente para cambiar los formatos de número, moneda, hora y fecha del sistema.

6. Activar la ficha Ubicación.

7. En la lista desplegable Ubicación actual, seleccionar la ubicación correspondiente para proporcionar información local al sistema.

8. Activar la ficha Teclados e idiomas.

9. Para cambiar el idioma o idioma de entrada, hacer clic sobre el botón **Cambiar teclados**.

10. En el cuadro de diálogo Servicios texto/idiomas entrada, hacer clic sobre el botón **Agregar** para añadir un nuevo idioma al sistema.

11. Seleccionar el nuevo idioma de entrada activando su casilla de verificación y hacer clic sobre **Aceptar**.

12. Hacer clic sobre el botón **Aceptar** para cerrar el cuadro de diálogo Servicios texto/idiomas entrada.

13. Hacer clic sobre el botón **Aceptar** para cerrar el cuadro de diálogo Configuración regional y de idioma.

Centro de accesibilidad

1. Abrir la ventana del Panel de control de Windows haciendo clic sobre el vínculo Panel de control del menú Inicio.

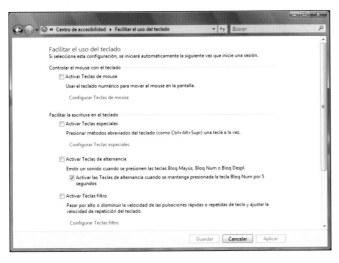

2. En la ventana del Panel de control, hacer clic sobre el vínculo Accesibilidad.

3. Hacer clic sobre el vínculo Centro de accesibilidad.

4. Hacer clic sobre el vínculo Facilitar el uso del teclado.

5. Activar o desactivar las casillas de verificación correspondientes a las opciones de accesibilidad que se deseen establecer. Hacer clic sobre el botón **Guardar** para validar los cambios.

6. Hacer clic sobre el vínculo Usar texto o alternativas visuales para los sonidos.

7. Activar o desactivar las distintas casillas de verificación y opciones para configurar las alternativas para los sonidos que se desean utilizar. Hacer clic sobre el botón **Guardar** para validar los cambios.

8. Hacer clic sobre el vínculo Facilitar el uso del equipo.

9. Activar las casillas de verificación correspondientes para mejorar el contraste de la pantalla, activar la narración de textos, aumentar el tamaño y mejorar la visibilidad de los objetos, etc. Hacer clic sobre el botón **Guardar** para validar los cambios.

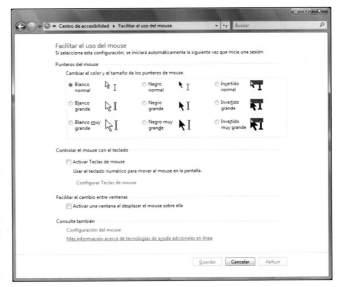

10. Hacer clic sobre el vínculo Facilitar el uso del mouse.

11. Elegir la combinación de punteros del ratón deseada y las ayudas de control del ratón. Hacer clic sobre el botón **Guardar**.

Configuración del reconocimiento de voz

1. Abrir la ventana del Panel de control de Windows haciendo clic sobre el vínculo Panel de control del menú Inicio.

2. En la ventana del Panel de control, hacer clic sobre el vínculo Accesibilidad.

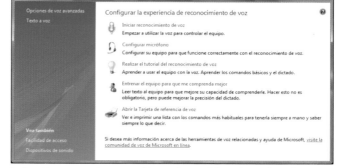

3. A continuación, hacer clic sobre el vínculo Opciones de reconocimiento de voz.

4. Hacer clic sobre el vínculo Iniciar reconocimiento de voz.

5. En el primer cuadro de diálogo del asistente, hacer clic sobre el botón **Siguiente**.

6. Seleccionar el tipo de micrófono que se desea utilizar y hacer clic sobre el botón **Siguiente**.

7. Leer las instrucciones sobre la colocación del micrófono y hacer clic sobre **Siguiente**.

8. Leer la oración que aparece en pantalla y hacer clic sobre el botón **Siguiente**.

9. Hacer clic sobre el botón **Siguiente** en el cuadro de diálogo informativo.

10. Activar o desactivar la revisión de documentos haciendo clic sobre la opción correspondiente. Hacer clic sobre el botón **Siguiente**.

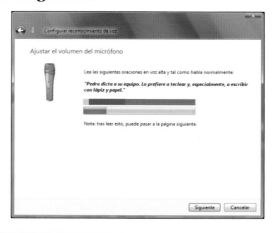

11. Para imprimir la tarjeta de referencia de voz, hacer clic sobre el botón **Ver hoja de referencia** e imprimir el contenido del tema de ayuda que aparece en pantalla. Hacer clic sobre el botón **Siguiente**.

12. Para iniciar el reconocimiento de voz al iniciar Windows, activar la casilla de verificación Ejecutar reconocimiento de voz al arrancar. Hacer clic sobre **Siguiente**.

13. Para iniciar el tutorial para el aprendizaje del control del sistema mediante reconocimiento de voz, hacer clic sobre el botón **Iniciar tutorial**.

14. Seguir los pasos del tutorial para profundizar en el aprendizaje del reconocimiento de voz. Una vez finalizado dicho aprendizaje, cerrar la ventana del tutorial.

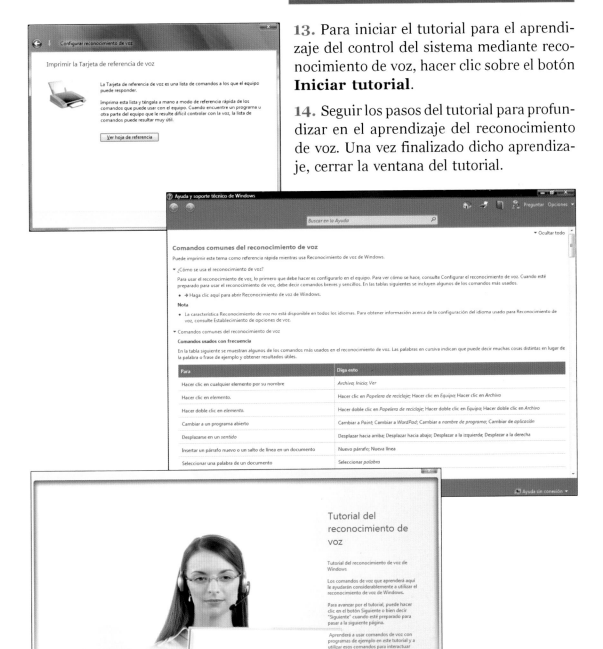

Utilizar el reconocimiento de voz

Una vez configurada la herramienta, para iniciar el reconocimiento de voz:

1. Abrir la ventana del Panel de control de Windows haciendo clic sobre el vínculo Panel de control del menú Inicio.

2. En la ventana del Panel de control, hacer clic sobre los vínculos Accesibilidad, Opciones de reconocimiento de voz e Iniciar reconocimiento de voz. El controlador de reconocimiento de voz aparecerá en el borde superior de la pantalla.

3. Para empezar a utilizar el micrófono, decir las palabras "Activar el micrófono". En el controlador de reconocimiento de voz, aparecerá el texto Escuchando.

4. Para desactivar el micrófono, decir las palabras "Desactivar el micrófono". En el controlador de reconocimiento de voz, aparecerá el texto Esperando.

5. Para ocultar el controlador de reconocimiento de voz, decir las palabras "Minimizar reconocimiento de voz". La herramienta seguirá en funcionamiento y será posible volver a mostrarla haciendo doble clic sobre su icono en el área de notificación o diciendo las palabras "Abrir reconocimiento de voz".

6. Para mostrar la tarjeta de referencia de voz con los comandos disponibles, decir las palabras "¿Qué puedo decir?

7. Para controlar mediante el reconocimiento de voz la posición en la que se desea hacer clic con el ratón, activar la cuadrícula del ratón diciendo las palabras "Cuadrícula de Mouse".

8. Especificar la posición del puntero diciendo el número de veces necesaria el valor de la cuadrícula correspondiente.

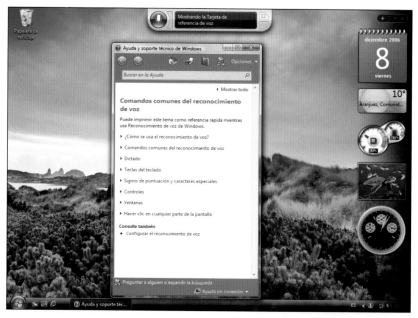

9. Decir "Hacer clic en *número del cuadrado*" para hacer clic sobre la posición deseada.

10. Para abrir una aplicación determinada del sistema, pronunciar las palabras "Abrir *nombre de aplicación*".

11. Para maximizar, minimizar y restaurar una ventana abierta, decir respectivamente las palabras "Maximizar", "Minimizar" y "Restaurar".

12. Para cambiar a cualquier aplicación abierta en el sistema, decir las palabras "Cambiar a *nombre de aplicación*".

13. Para cerrar la ventana abierta en la pantalla, decir la palabra "Cerrar".

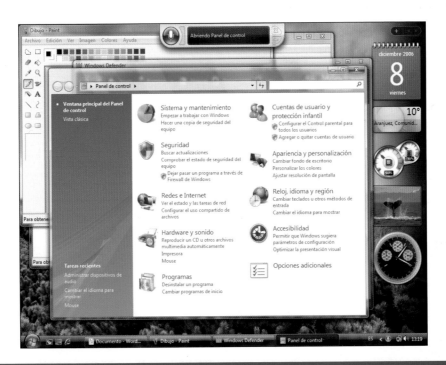

Capítulo 6
Redes e Internet

Configurar una red

1. Abrir la ventana del Panel de control de Windows haciendo clic sobre el vínculo Panel de control del menú Inicio.

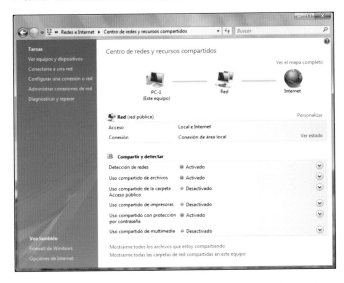

2. En la ventana del Panel de control, hacer clic sobre el vínculo Ver el estado y las tareas de red situado bajo el epígrafe Redes e Internet para abrir la ventana del Centro de redes y recursos compartidos.

Para activar la detección de redes y configurar el estado de la red actual:

1. Hacer clic sobre el icono ⌄ situado a la derecha de la sección Detección de redes.

2. Activar la opción Activar la detección de redes y hacer clic sobre el botón **Aplicar**. Si el sistema solicita permiso para continuar, hacer clic sobre el botón **Continuar**.

3. Hacer clic sobre la opción Sí, activar la detección de redes para todas las redes públicas.

Para cambiar la configuración de la red actual:

1. Hacer clic sobre el icono ⌄ situado a la derecha de la sección Detección de redes.

2. Hacer clic sobre el vínculo Cambiar configuración. Si el sistema solicita permiso para continuar, hacer clic sobre el botón **Continuar**.

3. En el cuadro de diálogo Propiedades del sistema, hacer clic sobre el botón **Id. de red**.

4. Seleccionar la opción que mejor se ajuste a la descripción de la red y hacer clic sobre el botón **Siguiente**.

5. Seleccionar el tipo de red y hacer clic sobre **Siguiente**.

6. Escribir el nombre del grupo de trabajo en el cuadro de texto del mismo nombre y hacer clic sobre **Siguiente**.

7. Para finalizar, hacer clic sobre el botón **Finalizar** y reiniciar el ordenador.

Conexión a Internet

1. Abrir la ventana del Panel de control de Windows haciendo clic sobre el vínculo Panel de control del menú Inicio.

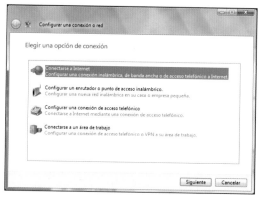

2. En la ventana del Panel de control, hacer clic sobre el vínculo Ver el estado y las tareas de red situado bajo el epígrafe Redes e Internet para abrir la ventana del Centro de redes y recursos compartidos.

3. Hacer clic sobre el vínculo Configurar una conexión o red del panel izquierdo de la ventana.

4. En la ventana Configurar una conexión o red, activar la opción Conectarse a Internet y hacer clic sobre el botón **Siguiente**.

5. Elegir el tipo de conexión deseado haciendo clic sobre su descripción.

6. Escribir el nombre de usuario y la contraseña necesarias para establecer la conexión a Internet en los cuadros de texto correspondientes.

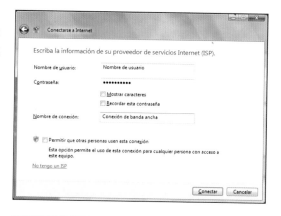

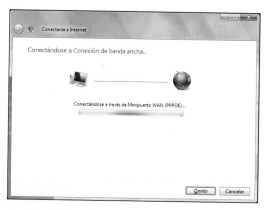

7. Escribir el nombre que se desea asignar a la conexión y hacer clic sobre el botón **Conectar**.

8. Una vez establecida la conexión, hacer clic sobre el botón **Cerrar** en la ventana Conectarse a Internet para completar el proceso.

Opciones de Internet

1. Abrir la ventana del Panel de control de Windows haciendo clic sobre el vínculo Panel de control del menú Inicio.

2. En la ventana del Panel de control, hacer clic sobre el vínculo Redes e Internet y, a continuación, sobre el vínculo Opciones de Internet.

3. Activar la ficha General del cuadro de diálogo Propiedades de Internet haciendo clic sobre su etiqueta.

4. En el cuadro de texto de la sección Página principal, escribir la dirección URL de la página de inicio predeterminada con la que conectará automáticamente Internet Explorer cada vez que se inicie el programa.

5. En la sección Historial de exploración, hacer clic sobre el botón Configuración para configurar el comportamiento de los archivos temporales y el historial de Internet.

6. Definir la periodicidad con la que se desea buscar las nuevas versiones de las páginas guardadas, el espacio reservado en el disco para las copias, la ubicación de los archivos temporales y el número de días para conservar las páginas del historial. Hacer clic sobre el botón **Aceptar**.

7. Para eliminar los archivos temporales, las cookies, el historial de páginas visitadas, los datos de formularios y las contraseñas, hacer clic sobre el botón **Eliminar** de la sección Historial de exploración.

8. Hacer clic sobre el botón **Eliminar...** de la sección correspondiente al tipo de elemento que se desee eliminar o hacer clic sobre el botón **Eliminar todo** para borrar todos los componentes.

9. Hacer clic sobre el botón **Cerrar**.

10. Hacer clic sobre el botón **Aceptar** para cerrar el cuadro de diálogo Propiedades de Internet.

Internet Explorer

Para abrir la aplicación Internet Explorer:

1. Hacer clic sobre el acceso directo Internet del menú Inicio o bien, hacer clic sobre su icono en la barra de herramientas Inicio rápido.

Para mostrar u ocultar la barra de menús :

1. Hacer clic sobre **Herramientas** de la barra de comandos de la aplicación.

2. Ejecutar el comando Barra de menús.

Para mostrar la ventana de Internet Explorer a pantalla completa y maximizar el espacio disponible para la página Web:

1. Hacer clic sobre el botón **Herramientas** de la barra

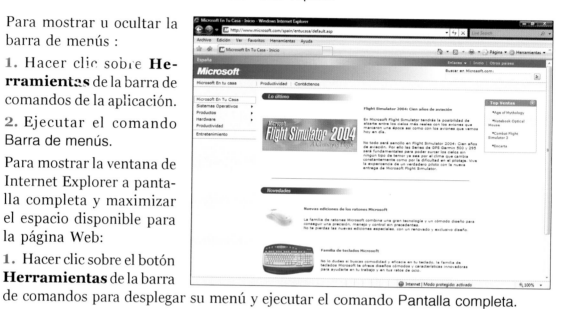

de comandos para desplegar su menú y ejecutar el comando Pantalla completa.

O bien:

1. Pulsar la tecla **F11**.

Para mostrar el listado de favoritos, fuentes e historial de Internet Explorer:

1. Hacer clic sobre el botón **Centro de favoritos** de la barra de comandos.

2. En el panel Centro de favoritos, hacer clic sobre el botón correspondiente al tipo de objeto que se desea visualizar: favoritos, fuentes o historial.

Para cerrar el panel Centro de favoritos:

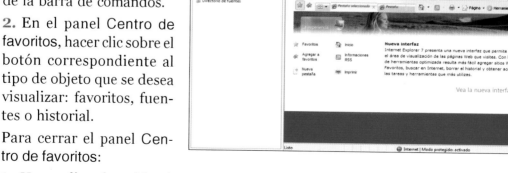

1. Hacer clic sobre el botón **Cerrar** [x] del panel.

Navegar por Internet

1. Para activar una página Web conocida, escribir su dirección en el cuadro de texto de dirección. Una vez abierta la página, es posible crear un acceso rápido a la misma haciendo clic sobre el botón **Agregar a favoritos** de la barra de comandos.

2. Para recorrer los vínculos de una página Web, hacer clic sobre su enlace (en forma de texto subrayado o como imagen). Cuando el puntero del ratón se sitúa sobre un enlace a una nueva página Web, toma la forma de una mano.

3. Para recorrer las páginas Web visitadas en una sesión de Internet Explorer, hacer clic sobre los botones **Atrás** y **Adelante** de la barra de comandos.

4. Para detener la descarga de una página Web, hacer clic sobre el botón **Detener** junto a la barra de dirección de Internet Explorer o pulsar la tecla **Esc**.

5. Para volver a iniciar la carga de una página Web, hacer clic sobre el botón **Actualizar** junto a la barra de dirección de Internet Explorer o pulsar **F5**.

6. Para abrir una nueva página Web a través de un hipervínculo en una nueva pestaña, hacer clic sobre el vínculo mientras se mantiene presionada la tecla **Control** o hacer clic con el botón derecho del ratón y, en el menú contextual, ejecutar el comando Abrir en una nueva pestaña.

Windows Mail

1. Hacer clic sobre el acceso directo Correo electrónico del menú Inicio. Si es la primera vez que se ejecuta el programa, Windows mostrará un asistente para definir una nueva cuenta de correo electrónico.

2. En el cuadro de texto Nombre para mostrar del primer cuadro de diálogo , escribir el nombre de la nueva cuenta de correo electrónico. Hacer clic sobre **Siguiente**.

3. Escribir la dirección de correo electrónico de la nueva cuenta y hacer clic sobre el botón **Siguiente**.

4. En los cuadros de texto del siguiente cuadro de diálogo del asistente, escribir las direcciones POP y SMTP proporcionadas por el proveedor de acceso a Internet. Hacer clic sobre el botón **Siguiente**.

5. En los cuadros de texto Nombre de cuenta y Contraseña, escribir la información de conexión al proveedor de acceso a Internet. Hacer clic sobre **Siguiente**.

6. Hacer clic sobre el botón **Finalizar** para concluir el proceso y abrir la ventana de Windows Mail.

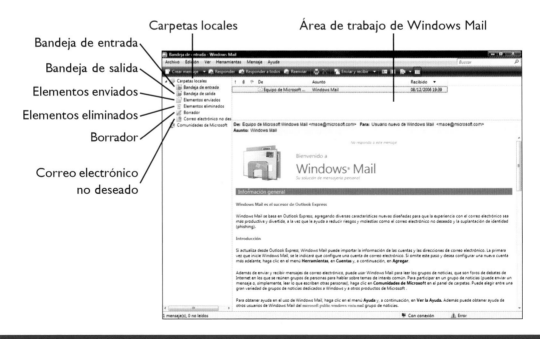

Carpetas locales

Área de trabajo de Windows Mail

Bandeja de entrada

Bandeja de salida

Elementos enviados

Elementos eliminados

Borrador

Correo electrónico no deseado

Crear una cuenta de correo

1. En la ventana de Windows Mail, desplegar el menú Herramientas haciendo clic sobre su nombre o pulsando la combinación de teclas **Alt-H**.

2. Ejecutar el comando **Cuentas** haciendo clic sobre su nombre o pulsando la tecla **U**.

3. Hacer clic sobre el botón **Agregar**.

4. En el cuadro de diálogo Seleccionar tipo de cuenta, seleccionar la opción Cuenta de correo electrónico y hacer clic sobre el botón **Siguiente**.

5. En el cuadro de texto Nombre para mostrar, escribir el nombre de la nueva cuenta de correo electrónico. Hacer clic sobre el botón **Siguiente**.

6. Escribir la dirección de correo electrónico de la nueva cuenta y hacer clic sobre el botón **Siguiente**.

7. En los cuadros de texto del siguiente cuadro de diálogo del asistente, escribir las direcciones POP y SMTP proporcionadas por el proveedor de acceso a Internet. Hacer clic sobre el botón **Siguiente**.

8. En los cuadros de texto Nombre de cuenta y Contraseña, escribir la información de conexión al proveedor de acceso a Internet. Hacer clic sobre el botón **Siguiente**.

9. Hacer clic sobre el botón **Finalizar** para completar el proceso.

10. Hacer clic sobre el botón **Cerrar** para cerrar el cuadro de diálogo Cuentas de Internet y regresar a la ventana principal de Windows Mail.

Redactar mensajes

1. En la ventana de Windows Mail, abrir el menú Mensaje haciendo clic sobre su nombre o pulsando la combinación de teclas **Alt-M**.

2. Ejecutar el comando Mensaje nuevo haciendo clic sobre su nombre o pulsando la tecla **N**.

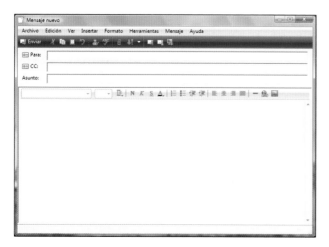

3. En la sección Para de la ventana de mensaje, escribir la dirección de correo electrónico del destinatario del mensaje y pulsar a continuación la tecla **Tab**.

4. Si se desea adjuntar copia del mensaje a otros destinatarios diferentes, escribir su dirección de correo electrónico en la sección CC.

5. Pulsar nuevamente la tecla **Tab**.

6. Escribir una descripción del contenido del mensaje en la sección Asunto y pulsar la tecla **Tab**.

7. Escribir el contenido del mensaje.

8. Finalmente, ejecutar el comando Enviar mensaje del menú Archivo o hacer clic sobre el botón **Enviar** de la barra de herramientas para remitir el mensaje.

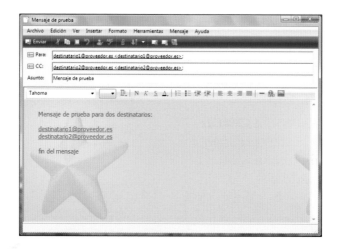

Enviar un mensaje a un contacto de Windows

1. En la ventana de Windows Mail, desplegar el menú Herramientas haciendo clic sobre su nombre o pulsando la combinación de teclas **Alt-H**.

2. Ejecutar el comando Contactos de Windows.

 También puede abrir la carpeta de contactos de Windows pulsando la combinación de teclas **Control-Mayús-B** o haciendo clic sobre el botón **Contactos** de la barra de herramientas de la aplicación.

3. En la lista de contactos del área de trabajo de la herramienta Contactos de Windows, seleccionar el contacto al que se desea enviar el nuevo mensaje de correo haciendo clic sobre su icono.

4. Hacer clic sobre el botón **Correo electrónico** de la barra de comandos de la ventana.

O bien:

1. En la ventana de mensaje, hacer clic sobre el botón **Para** para abrir el cuadro de diálogo Seleccionar destinatarios.

2. En la lista del borde izquierdo del cuadro de diálogo, seleccionar el nombre del nuevo destinatario haciendo clic sobre su entrada.

3. Hacer clic sobre los botones **Para** (destinatario principal), **CC** (para enviar una copia del mensaje) o **CCO** (para enviar una copia oculta).

4. Hacer clic sobre el botón **Aceptar** para completar el proceso.

Recuperar mensajes de correo electrónico

1. En la ventana de Windows Mail, abrir el menú Herramientas haciendo clic sobre su nombre o pulsando la combinación de teclas **Alt-H**.

2. Desplegar el submenú Enviar y recibir situando el puntero del ratón sobre su nombre o bien pulsando la tecla **E**.

3. Ejecutar el comando correspondiente a la cuenta de correo que se desea consultar o el comando Enviar y recibir todo para consultar todas las cuentas definidas de forma simultánea.

 El botón **Ocultar** permite cerrar el cuadro de diálogo para seguir trabajando con la aplicación mientras se descargan los nuevos mensajes.

4. Windows Mail comenzará a descargar todos los mensajes de correo que estén pendientes en el servidor.

5. En la ventana de Windows Mail, hacer clic sobre la carpeta Bandeja de entrada para visualizar los nuevos mensajes recibidos.

6. Hacer clic sobre el encabezado del mensaje para ver su contenido en el panel de vista previa.

 Si el panel de vista previa no está disponible, ejecute el comando Diseño del menú Ver de la aplicación. A continuación, active la casilla de verificación Mostrar Panel de vista previa y haga clic sobre el botón **Aceptar**.

Responder mensajes

1. En la ventana de Windows Mail, seleccionar el mensaje que se desea responder haciendo clic sobre su entrada.

2. Desplegar el menú Mensaje haciendo clic sobre su nombre o pulsando la combinación de teclas **Alt-M**.

3. Ejecutar el comando Responder al remitente haciendo clic sobre su nombre o pulsando la tecla **R**.

4. Si es necesario, en las secciones Para y CC de la ventana de mensaje, escribir los nuevos remitentes a los que se desea enviar el mensaje separando todas las direcciones por un símbolo de punto y coma (;).

5. Si se desea, escribir en el cuadro de texto Asunto una nueva descripción para el mensaje.

6. Escribir el nuevo contenido del mensaje.

7. Finalmente, ejecutar el comando Enviar mensaje del menú Archivo o hacer clic sobre el botón **Enviar** de la barra de comandos para remitir el mensaje.

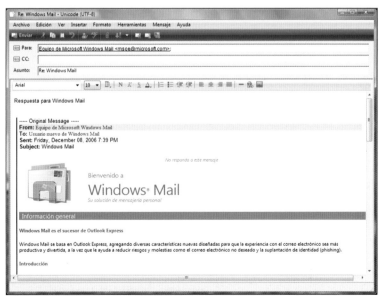

Capítulo 7
Herramientas
de Windows Vista

Configuración del Reproductor de Windows Media

La primera vez que inicie el Reproductor de Windows Media de su sistema, el usuario tendrá la oportunidad de establecer la configuración del programa:

1. En la primera pantalla del asistente de configuración, seleccionar la opción Configuración personalizada y hacer clic sobre el botón **Siguiente**.

2. Seleccionar las opciones de privacidad que se desean establecer para el sistema activando o desactivando las distintas casillas de verificación del asistente: mostrar u ocultar información multimedia, descargar derechos de uso multimedia, etc. En la ficha Declaración de privacidad, el usuario podrá leer la declaración de privacidad sobre los datos recopilados y sobre el sitio Web de Windows Media.

3. A continuación, hacer clic sobre el botón **Siguiente**.

4. Activar o desactivar las casillas de verificación Agregar un acceso directo al escritorio y Agregar un acceso directo a la barra de Inicio rápido para mostrar los accesos directos deseados del Reproductor de Windows media. Hacer clic sobre el botón **Siguiente**.

5. Seleccionar si se desea que el Reproductor de Windows Media sea el reproductor multimedia predeterminado para todos los archivos de música y vídeo o si se desea especificar los tipos de archivos que se desean manejar con la aplicación.

6. Hacer clic sobre el botón **Finalizar**. Si se ha elegido especificar los tipos de archivos asociados al Reproductor de Windows Media, activar o desactivar las distintas casillas de verificación de la ventana Establecer asociaciones y hacer clic sobre el botón **Guardar**.

7. En el cuadro de diálogo ¿Desea agregar la barra de herramientas Reproductor de Windows media a la barra de tareas?, hacer clic sobre **Sí** si se desea controlar el Reproductor de Windows Media desde la barra de herramientas de Windows.

Abrir el Reproductor de Windows Media

1. Desplegar el menú Inicio haciendo clic sobre su botón en la barra de tareas de Windows Vista.

2. En el cuadro de búsqueda, empezar a escribir el nombre del programa.

3. Una vez disponible en la lista de programas del menú, hacer clic sobre su nombre o pulsar la tecla **Intro**. En la ventana del Reproductor de Windows Media, es posible distinguir, entre otros, los siguientes elementos:

- **Botones Atrás y Adelante.** Permiten recorrer todas las ventanas abiertas en la aplicación durante una sesión de trabajo.

- **Visor del reproductor.** Permite intercambiar información con el usuario y mostrar el estado de la reproducción de archivos multimedia.

- **Lista de reproducción.** Contiene la lista de los archivos multimedia que se están reproduciendo en la aplicación.

- **Información del medio.** Muestra información sobre el archivo multimedia que se está reproduciendo en cada momento: carátula, nombre del álbum, nombre del tema, clasificación, etc.

- **Controles y opciones de reproducción.** Permite controlar la reproducción de los archivos multimedia (pausar, detener, avanzar y retroceder la reproducción, variar el volumen, etc.) así como otras características y criterios de reproducción.

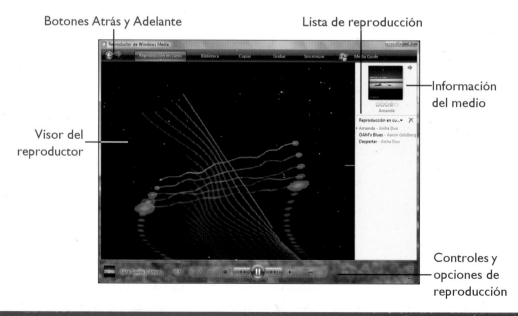

Botones Atrás y Adelante   Lista de reproducción

Información del medio

Visor del reproductor

Controles y opciones de reproducción

Opciones de reproducción

1. Para mostrar u ocultar la lista de reproducción actual, hacer clic sobre el botón **Reproducción en curso** y ejecutar el comando Mostrar panel Lista.

2. Para activar o desactivar la reproducción aleatoria de archivos de la lista de reproducción, hacer clic sobre el botón **Activar/Desactivar orden aleatorio** situado junto a los botones de reproducción.

3. Para activar o desactivar la repetición automática de la lista de reproducción, hacer clic sobre el botón **Activar/ Desactivar repetición** situado junto a los botones de reproducción.

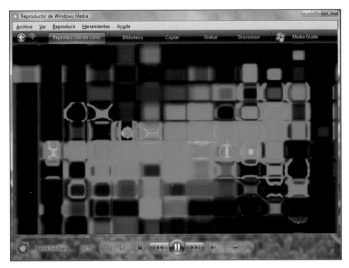

4. Para mostrar u ocultar la presentación del ecualizador, hacer clic sobre el botón **Reproducción en curso** de la barra de comandos, desplegar el submenú Mejoras y ejecutar el comando Ecualizador gráfico.

5. En el ecualizador gráfico, modular el balance y las distintas frecuencias de sonido mediante las barras deslizantes disponibles en el panel.

6. Para mostrar el ecualizador Efectos SRS WOW, hacer clic sobre **Reproducción en curso** de la barra de comandos, desplegar el submenú Mejoras y ejecutar el comando Efectos SRS WOW. Utilizar las barras deslizantes TruBass y Efecto WOW para ecualizar el sonido del Reproductor de Windows Media.

7. Para mostrar las distintas visualizaciones del visor de la aplicación, hacer clic sobre el botón **Reproducción en curso** de la barra de comandos, desplegar el submenú Visualizaciones y ejecutar el comando correspondiente al tipo de visualización deseada.

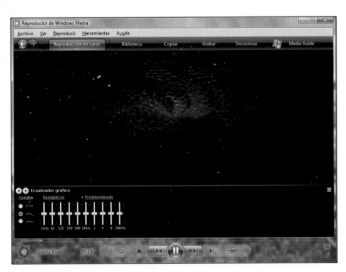

Formatos de presentación

Para variar el formato de presentación del Reproductor de Windows Media:

1. Si es necesario, hacer clic con el botón derecho del ratón sobre cualquier espacio vacío de la barra de comandos de la aplicación y, en el menú contextual, ejecutar el comando Mostrar menús clásicos.

2. En el menú Ver, ejecutar el comando Selector de máscara.

3. En el panel izquierdo del visor del Reproductor de Windows Media, seleccionar el tipo de presentación deseado haciendo clic sobre su nombre. El panel derecho del visor mostrará la representación y una breve explicación del nuevo formato del reproductor.

4. Para activar la nueva presentación seleccionada para el Reproductor de Windows media, hacer clic sobre el botón **Aplicar máscara** situado en el extremo superior del panel izquierdo del visor.

Para recuperar el formato original del Reproductor de Windows Media, haga clic sobre el botón **Volver a modo completo** [⊡] de la máscara.

Abrir un archivo multimedia

1. Si es necesario, hacer clic con el botón derecho del ratón sobre cualquier espacio vacío de la barra de comandos de la aplicación y, en el menú contextual, ejecutar el comando Mostrar menús clásicos.

2. Ejecutar el comando Abrir del menú Archivo de la aplicación.

3. En la lista desplegable Tipo del cuadro de diálogo Abrir (en la esquina inferior derecha), seleccionar el tipo de archivo multimedia que se desea abrir.

4. Localizar la carpeta donde se encuentra ubicado el archivo multimedia que se desea reproducir en el Reproductor de Windows Media.

También puede ejecutar el comando Abrir pulsando la combinación de teclas **Control-A**. Esta opción es imprescindible en los formatos de presentación reducidos del Reproductor de Windows Media.

5. En la lista central del cuadro de diálogo, seleccionar el archivo o grupo de archivos que se desean abrir haciendo clic sobre sus nombres.

6. Hacer clic sobre el botón **Abrir**.

Reproducir un archivo multimedia

1. Introducir un CD de audio o cargar la lista de reproducción que contiene los archivos que se desean reproducir.

2. Si es necesario, mostrar el panel de la lista de reproducción haciendo clic sobre el botón **Reproducción en curso** de la barra de comandos y ejecutando el comando Mostrar panel Lista. Hacer clic sobre la pista o archivo que se desea reproducir.

3. Hacer clic sobre el botón **Reproducir** situado en el borde inferior de la aplicación para iniciar la reproducción del archivo seleccionado. ▶

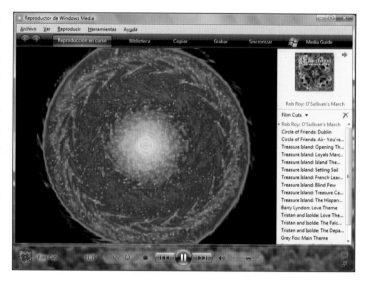

4. Hacer clic sobre el botón **Pausa** para interrumpir temporalmente la reproducción de la pista o archivo multimedia seleccionado. ⏸

5. Hacer clic sobre el botón **Detener** para interrumpir definitivamente la reproducción de la pista o archivo multimedia. ⏹

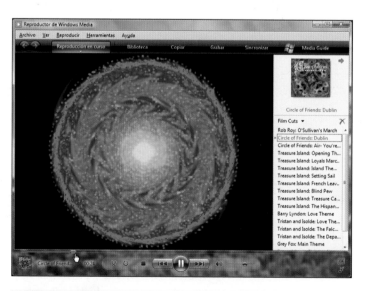

6. Utilizar los botones **Anterior** y **Siguiente** para desplazar la reproducción entre las distintas pistas o archivos disponibles. Para desplazar la posición de reproducción de la pista o archivo actual, desplazar la barra deslizante situada sobre los botones de reproducción. ⏮ ⏭

Localizar medios

Para localizar todos los archivos multimedia disponibles en un ordenador:

1. Si es necesario, hacer clic con el botón derecho del ratón sobre cualquier espacio vacío de la barra de comandos de la aplicación y, en el menú contextual, ejecutar el comando Mostrar menús clásicos.

2. Ejecutar el comando Agregar a la biblioteca del menú Archivo.

3. Seleccionar el conjunto de carpetas que se desea supervisar para la búsqueda de archivos multimedia mediante las opciones Mis carpetas personales y Mis carpetas y las de otras personas a las que puedo obtener acceso.

4. Hacer clic sobre el botón **Opciones avanzadas** para desplegar el contenido del cuadro de diálogo.

5. Hacer clic sobre el botón **Agregar**. En el cuadro de diálogo Agregar carpeta, seleccionar la carpeta que se desea incorporar a la lista de carpetas supervisadas y hacer clic sobre el botón **Aceptar**.

6. Activar la casilla de verificación Agregar archivos eliminados con anterioridad de la biblioteca para volver a buscar los archivos de medios que se eliminaron con anterioridad en la biblioteca.

7. Activar la casilla de verificación Agregar valores de nivelación de volumen para todos los archivos para normalizar el volumen de los archivos localizados para la biblioteca.

8. En los cuadros de texto de la sección Omitir archivos con tamaño inferior a, especificar el tamaño mínimo de los archivos para añadirlos a la biblioteca multimedia.

9. Hacer clic sobre el botón **Aceptar**. Una vez completada la búsqueda, hacer clic sobre el botón **Cerrar** en el cuadro de diálogo de mensaje para completar el proceso.

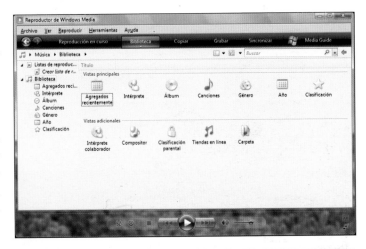

Biblioteca multimedia

1. En la ventana del Reproductor de Windows Media, hacer clic sobre el botón **Biblioteca** de la barra de comandos.

2. El visor del Reproductor de Windows Media mostrará una representación de todos los elementos multimedia disponibles en el entorno. Su funcionamiento es similar al de cualquier ventana de carpeta de Windows.

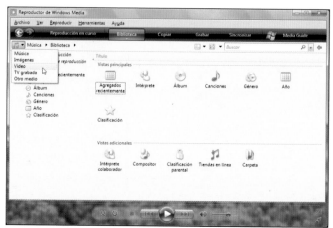

3. Para seleccionar el tipo de archivos multimedia que se desea mostrar en la biblioteca, hacer clic sobre el botón **Seleccione una categoría** y ejecutar el comando correspondiente a la categoría que se desea mostrar: música, imágenes, vídeo, televisión u otros medios.

Para crear una nueva lista de reproducción:

1. Hacer clic sobre el vínculo Crear lista de reproducción en la sección Listas de reproducción del panel de exploración de la biblioteca (el panel izquierdo de la ventana).

2. Escribir el nombre de la lista de reproducción y pulsar la tecla **Intro** para validar los cambios.

3. Arrastrar los elementos que se desean añadir a la lista de reproducción (música, vídeos, imágenes, etc.) sobre el panel de lista de reproducción, bajo el epígrafe del nombre de la lista.

4. Hacer clic sobre el botón **Guardar lista de reproducción** para almacenar la nueva lista en el sistema.

 Para editar una lista de reproducción, haga clic sobre su nombre en el panel de exploración de la biblioteca y, a continuación, haga clic sobre el botón **Editar en el panel Lista**.

Copiar el contenido de un CD

1. Insertar el CD-ROM que se desea copiar en la unidad correspondiente.

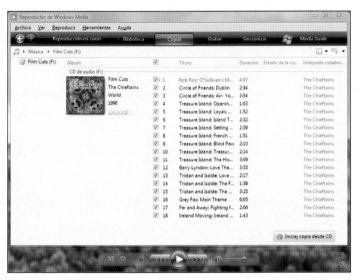

2. En la ventana de la aplicación Reproductor de Windows Media, hacer clic sobre el botón **Copiar** de la barra de comandos.

3. En la lista de pistas del CD, activar o desactivar las casillas de verificación correspondiente a las pistas que se deseen copiar en el sistema.

4. Hacer clic sobre el botón **Iniciar copia desde CD**.

5. Hacer clic sobre el botón **Biblioteca** de la barra de comandos del Reproductor de Windows Media para acceder a la biblioteca.

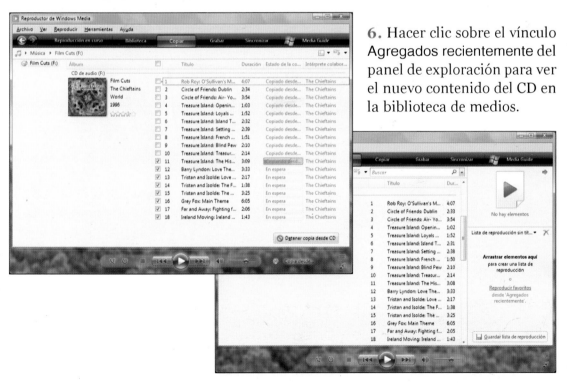

6. Hacer clic sobre el vínculo Agregados recientemente del panel de exploración para ver el nuevo contenido del CD en la biblioteca de medios.

Grabar un CD de audio

1. En la ventana del Reproductor de Windows Media, hacer clic sobre el botón **Grabar** de la barra de comandos. Si es necesario, desplegar el menú del botón y seleccionar el tipo de disco que se desea grabar: CD de audio o CD o DVD de datos.

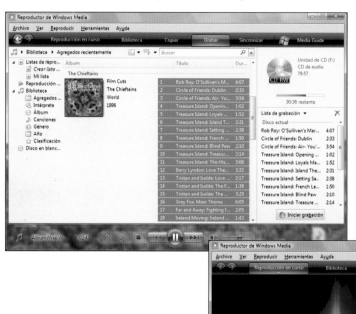

2. En el panel del explorador, localizar la categoría de medios que contiene los archivos que se desean grabar en un CD.

3. Arrastrar los archivos que se desean copiar hacia el panel de lista, bajo el epígrafe **Lista de grabación**.

4. Hacer clic sobre el botón **Iniciar grabación** en la esquina inferior derecha de la ventana del Reproductor de Windows Media. Al finalizar la grabación, el disco se expulsará de forma automática.

Abrir la Galería fotográfica de Windows

1. Abrir el menú Inicio haciendo clic sobre su botón en la barra de tareas.

2. Hacer clic o situar el puntero del ratón sobre el vínculo Todos los programas. O bien, en el cuadro de búsqueda, escribir el nombre de la Galería fotográfica de Windows.

3. Hacer clic sobre el acceso directo de la Galería fotográfica de Windows.

En la ventana de la aplicación Galería fotográfica de Windows se pueden distinguir, entre otros, los siguientes elementos:

- **Panel de exploración.** Permite seleccionar las distintas clasificaciones de las imágenes y vídeos de la galería.

- **Visor de la galería.** Muestra las miniaturas de las imágenes y vídeos contenidos en la galería o

- **Vistas.** Cambia la presentación de las miniaturas de la galería.

- **Control de presentaciones.** Contiene todas las herramientas necesarias para controlar la presentación de las imágenes y vídeos de la galería.

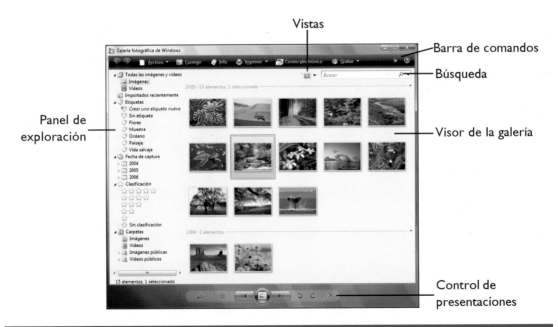

Importar fotografías desde una cámara o escáner

1. En la ventana de la Galería fotográfica de Windows, hacer clic sobre el botón **Archivo** de la barra de comandos.

2. Ejecutar el comando Importar desde una cámara o escáner.

3. En el cuadro de diálogo Importar imágenes y vídeos, seleccionar el dispositivo desde el que se desean importar las nuevas imágenes o vídeos haciendo clic sobre su icono.

4. Hacer clic sobre el botón **Importar**.

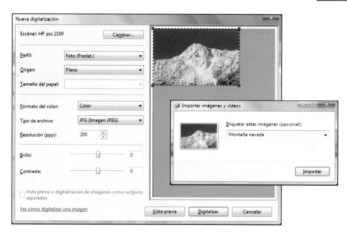

5. Si el dispositivo seleccionado es un escáner, en el cuadro de diálogo Nueva digitalización, hacer clic sobre el botón **Vista previa**. Especificar el área que se desea digitalizar y las propiedades de la imagen resultante y hacer clic sobre el botón **Digitalizar**. En el cuadro de diálogo Importar imágenes y vídeo, escribir una etiqueta para la fotografía y hacer clic sobre el botón **Importar**.

6. Si el dispositivo seleccionado es una cámara, en el cuadro de diálogo Importar imágenes y vídeo, escribir una etiqueta para el conjunto de fotografías a importar y hacer clic sobre el botón **Importar**.

7. En el panel de exploración de la Galería fotográfica de Windows, hacer clic sobre el vínculo Importados recientemente para ver las nuevas fotografías o vídeos importados.

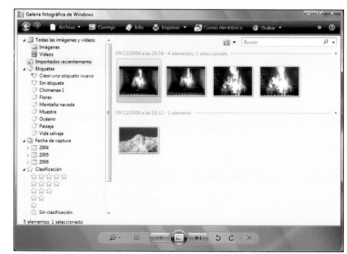

Vista previa

Para mostrar una vista en miniatura de cualquiera de las imágenes de la Galería fotográfica de Windows:

1. Situar el puntero del ratón sobre la imagen y mantenerlo inmóvil durante unos segundos.

Para mostrar una vista previa de una imagen en la ventana de la aplicación Galería fotográfica:

1. Hacer doble clic sobre la imagen.

2. En la ventana de vista previa, hacer clic sobre el botón y desplazar la barra deslizante para ampliar o reducir el tamaño de la imagen en la ventana.

3. Para devolver la imagen al tamaño máximo de la ventana, hacer clic sobre **Ajustar a la ventana** .

4. Para dar a la imagen su tamaño real, hacer clic sobre el botón **Tamaño actual** .

5. Para desplazarse a través de las distintas imágenes disponibles en la Galería fotográfica de Windows, hacer clic sobre los botones **Atrás** y **Adelante**.

6. Para girar la imagen en la ventana de la Galería fotográfica de Windows, hacer clic sobre los botones **Girar en el sentido opuesto a las agujas del reloj** o **Girar en el sentido de las agujas del reloj** .

7. Para borrar la fotografía actualmente seleccionada en la ventana de la Galería fotográfica de Windows, hacer clic sobre el botón **Eliminar** .

Información y etiquetas

Para ver la información sobre la imagen seleccionada en la ventana de la Galería fotográfica de Windows:

1. Hacer clic sobre el botón **Info** de la barra de comandos de la ventana.

2. Para cambiar el nombre del archivo, su fecha y su hora, hacer clic sobre las etiquetas correspondientes en el borde superior del panel de información y escribir los nuevos valores. Para cambiar la descripción de la imagen (en el borde inferior del panel de información), hacer clic sobre el texto actual (en el borde inferior del panel de información) y escribir la nueva descripción.

3. Hacer clic sobre el botón **Agregar etiquetas** del panel de información para crear una nueva etiqueta de clasificación para la imagen. Seleccionar cualquiera de las etiquetas disponibles en la lista desplegable o escribir la nueva categoría de etiquetas.

4. Para eliminar una etiqueta asociada a una imagen, hacer clic con el botón derecho sobre dicha etiqueta en el panel de información de la ventana de la Galería fotográfica de Windows y, en el menú contextual, ejecutar el comando Quitar etiqueta.

5. Para cambiar la clasificación de una imagen, hacer clic sobre la estrella correspondiente para asignar una puntuación del cero al cinco.

6. Para eliminar la clasificación de una imagen, hacer clic con el botón derecho del ratón sobre ella y, en el menú contextual, ejecutar el comando Borrar clasificación.

7. En el panel del explorador, hacer clic sobre cualquiera de las etiquetas disponibles para mostrar solamente las imágenes disponibles para dicha categoría.

8. Para cerrar el panel de información, hacer clic sobre su botón **Cerrar** x.

Corregir una imagen

1. En la ventana de la Galería fotográfica de Windows, seleccionar la imagen cuyo aspecto se desea corregir y hacer clic sobre el botón **Corregir** de la barra de comandos.

2. Para realizar un primer ajuste automático de la imagen, hacer clic sobre el botón **Ajuste automático** en el borde superior del panel derecho de la ventana.

3. Para ajustar la exposición de la imagen, hacer clic sobre el botón **Ajustar exposición**. Desplazar las barras deslizantes Brillo y Contraste, hasta obtener el resultado deseado.

4. Para ajustar el color de la imagen, hacer clic sobre el botón **Ajustar color** y arrastrar las barras deslizantes Temperatura de color, Tinte y Saturación hasta obtener los resultados deseados.

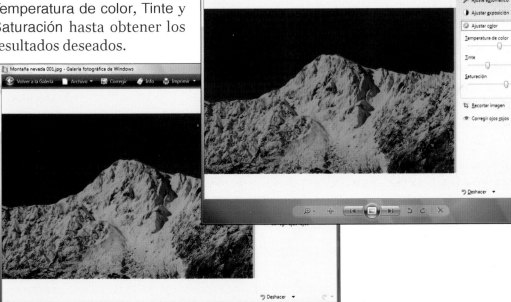

5. Para recortar el contenido de la imagen, hacer clic sobre el botón **Recortar imagen**. Sobre la imagen, desplazar el área de recorte hasta la posición deseada y mover los manejadores del área de recorte hasta conseguir la forma deseada. Si se desea, es posible establecer varios tamaños de recorte predefinidos mediante la lista desplegable de la sección. Para cambiar la orientación del área de recorte, hacer clic sobre el botón **Girar marco**. Una vez establecida el área de recorte deseada, hacer clic sobre el botón **Aplicar** para validar los cambios.

6. Para corregir el efecto de ojos rojos de algunas fotografías, hacer clic sobre el botón **Corregir ojos rojos**. En la fotografía, crear un marco de selección alrededor del ojo que se desee corregir.

Para regresar a la ventana de la Galería fotográfica de Windows, haga clic sobre el botón **Volver a la Galería** de la barra de comandos.

7. Para deshacer la última corrección realizada, hacer clic sobre el botón **Deshacer** o bien hacer clic sobre el icono en forma de punta de flecha situado a la derecha del botón para abrir su menú. Seleccionar la operación que se desea deshacer o bien Deshacer todo para deshacer todas las operaciones. Ejecutar el comando Revertir a original para recuperar la forma original de la imagen.

8. Para rehacer la última operación cancelada, hacer clic sobre el botón **Rehacer** o bien hacer clic sobre el icono en forma de punta de flecha situado a la derecha del botón para abrir su menú. Seleccionar la operación que se desea rehacer haciendo clic sobre su nombre o bien Rehacer todo para rehacer todas las correcciones canceladas.

Imprimir una imagen

1. Seleccionar la imagen o grupo de imágenes que se desea imprimir y hacer clic sobre el botón **Imprimir** de la barra de comandos de la Galería fotográfica de Windows para abrir su menú.

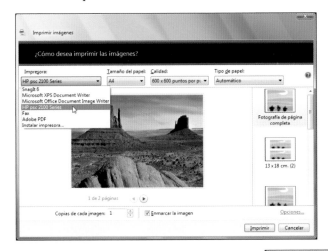

2. Ejecutar el comando Imprimir.

3. En la lista desplegable Impresora, seleccionar la impresora a la que se desea enviar el trabajo de impresión.

4. En las listas desplegables Tamaño del papel, Calidad, Tipo de papel, etc. (las opciones disponibles dependerán de la impresora seleccionada), definir las características de la impresión.

5. En el cuadro de texto Copias de cada imagen, introducir el número de copias que se desea obtener de cada imagen.

6. Activar o desactivar la casilla de verificación Enmarcar la imagen para imprimir o no un marco alrededor de la imagen.

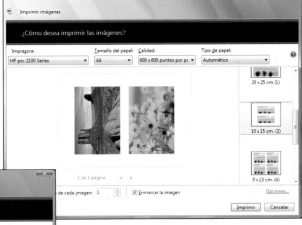

7. En el panel derecho del cuadro de diálogo Imprimir imágenes, seleccionar el tipo de composición deseado para la impresión de las imágenes seleccionadas haciendo clic sobre el dibujo correspondiente.

8. Finalmente, hacer clic sobre el botón **Imprimir**.

Crear una película

1. Para crear una película con Windows Movie Maker desde la ventana de la Galería fotográfica de Windows, seleccionar todas las imágenes que se deseen editar.

2. Hacer clic sobre el botón **Mostrar comandos adicionales** de la barra de comandos y ejecutar el comando Crear una película. Todas las imágenes seleccionadas se dispondrán formando una animación en la ventana de Windows Movie Maker.

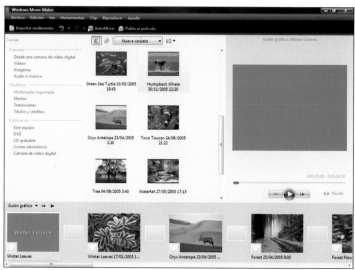

3. Para abrir la aplicación Windows Movie Maker sin partir de ninguna imagen de la Galería fotográfica de Windows, abrir el menú Inicio, hacer clic sobre el vínculo Todos los programas y, a continuación, hacer clic sobre el acceso de Windows Movie Maker. O bien, en el cuadro de texto de búsqueda del menú Inicio, escribir "Windows Movie Maker" y

pulsar la tecla **Intro** o hacer clic sobre el acceso de la aplicación.

4. Para añadir nuevas imágenes o clip a un proyecto en blanco en Windows Movie Maker, hacer clic sobre Importar multimedia de la barra de comandos. En el cuadro de diálogo Abrir, localizar los archivos que se desean incorporar al proyecto y hacer clic sobre **Importar**.

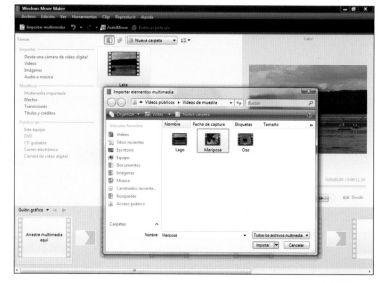

Para crear un nuevo proyecto en Windows Movie Maker, ejecute el comando Nuevo proyecto del menú Archivo.

Crear un guión gráfico

1. En el panel de colecciones de Windows Movie Maker (el panel central de la aplicación), seleccionar la carpeta que contiene las imágenes o clips que se desean utilizar en la creación del guión.

2. Seleccionar la imagen o clip que se desea añadir al guión gráfico haciendo clic sobre su superficie.

3. Ejecutar el comando Agregar a guión gráfico del menú Clip, pulsar la combinación de teclas **Control-D** o bien arrastrar el elemento hasta la posición deseada en el guión gráfico de Windows Movie Maker (en el borde inferior de la ventana de la aplicación).

Para mostrar la escala de tiempos del nuevo guión gráfico (la distribución en el tiempo de los distintos clips seleccionados):

1. Desplegar el menú Ver de la aplicación y ejecutar el comando Escala de tiempo. También se puede cambiar entre los modos de visualización de guión gráfico o de escala de tiempo pulsando la combinación de teclas **Control-T** o haciendo clic sobre

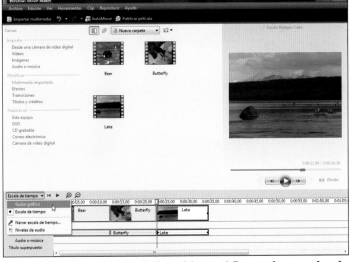

el botón situado en la esquina superior izquierda del guión gráfico o la escala de tiempos y ejecutando el comando correspondiente.

Nota

Desde el menú del panel de guión gráfico o escala de tiempo, también se puede registrar una narración para la película o ajustar los niveles de sonido.

Establecer puntos de recorte

1. Activar el panel de guión gráfico (ejecutando el comando Guión gráfico del menú Ver, pulsando la combinación de teclas **Control-T** o haciendo clic sobre el botón de la esquina superior izquierda del panel y ejecutando el comando Guión gráfico).

2. Activar el clip para el que se desean establecer los nuevos puntos de recorte haciendo clic sobre su superficie.

3. Mediante la pantalla de reproducción, situar la posición del clip en el punto donde se desea insertar el punto de recorte inicial. Es posible utilizar los botones **Reproducir** y **Pausar** o desplazar la barra deslizante de búsqueda para localizar el punto correcto de inserción.

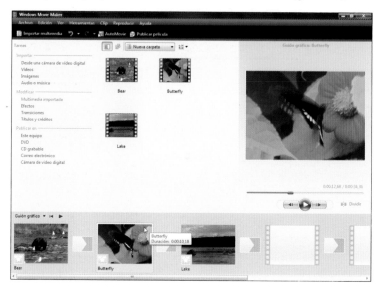

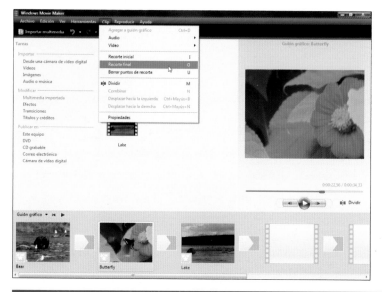

4. Ejecutar el comando Recorte inicial del menú Clip.

5. Situar la posición de reproducción del clip en el lugar donde se desea insertar el punto de recorte final.

6. Ejecutar el comando Recorte final del menú Clip.

Puede eliminar los puntos de recorte de un clip ejecutando el comando Borrar puntos de recorte del menú Clip.

Reproducir un guión

1. Activar el panel de escala de tiempo o el panel guión gráfico según el fragmento de guión que se desee reproducir.

 Puede seleccionar más de un clip manteniendo presionada la tecla **Control** mientras hace clic sobre cada una de sus representaciones.

2. Seleccionar el conjunto de clips que se desean reproducir haciendo clic sobre su superficie.

3. Ejecutar el comando Reproducir clip del menú Reproducir.

Durante la reproducción del guión, se pueden utilizar los siguientes comandos del menú Reproducir o combinaciones de teclas:

Comando	Teclas	Descripción
Pausar clip	**K**	Detiene temporalmente la reproducción del guión.
Detener	**Control-K**	Detiene definitivamente la reproducción del guión.
Atrás	**Control-Alt-Flecha izda.**	Activa la reproducción del clip anterior.
Adelante	**Control-Alt-Flecha dcha.**	Activa la reproducción del siguiente clip.
Fotograma anterior	**J**	Coloca la posición de reproducción un fotograma antes del fotograma actual.
Fotograma siguiente	**L**	Coloca la posición de reproducción un fotograma después del fotograma actual.

Guardar una película

1. Ejecutar el comando Publicar película del menú Archivo de Windows Movie Maker o hacer clic sobre el botón **Publicar película** de la barra de comandos.

2. En el cuadro de diálogo Publicar película, seleccionar el soporte de destino para la publicación de la película: en el equipo, en una unidad de CD o DVD, para enviar por correo electrónico o en una cámara de vídeo digital.

3. Hacer clic sobre el botón **Siguiente**. Dependiendo del método seleccionado, el proceso de publicación de la película será diferente.

4. Por ejemplo, cuando se publique la película de Windows Movie Maker en el equipo, el siguiente cuadro de diálogo pedirá al usuario que introduzca un nombre y una ubicación para la película.

5. Después de hacer clic sobre el botón **Siguiente**, definir la calidad del vídeo resultante mediante las opciones del cuadro de diálogo y hacer clic sobre el botón **Publicar**.

6. Activar la casilla de verificación Reproducir película al pulsar Finalizar y hacer clic sobre el botón **Finalizar** para reproducir la película.

Configuración de Windows Media Center

1. Para iniciar la aplicación Windows Media Center, abrir el menú Inicio, hacer clic sobre el vínculo Todos los programas y, a continuación, hacer clic sobre el acceso de Windows Media Center. O bien, en el cuadro de texto de búsqueda del menú Inicio, escribir "Windows Media Center" y pulsar la tecla **Intro** o hacer clic sobre el acceso de la aplicación.

2. La primera vez que se inicie la aplicación Windows Media Center, permitirá configurar su comportamiento. Activar la opción Configuración personalizada y hacer clic sobre el botón **Aceptar**.

3. Hacer clic sobre el botón **Siguiente** para iniciar la configuración. Un nuevo cuadro de diálogo informará sobre los pasos necesarios para completar la configuración. Hacer clic sobre el botón **Siguiente**.

4. En la página de declaración de privacidad, leer el contenido de dicha declaración y hacer clic sobre el botón **Siguiente**.

5. Para participar en el programa de mejora de Windows Media Center, activar la opción Sí, deseo participar y hacer clic sobre el botón **Siguiente**.

6. Para conectarse periódicamente a Internet y descargar contenido multimedia, activar la opción Sí. Hacer clic sobre el botón **Siguiente**.

7. En el último cuadro informativo del asistente, hacer clic sobre **Siguiente**.

8. Para establecer alguna configuración adicional opcional, hacer clic sobre el botón de opción correspondiente y seguir los pasos del asistente. Para finalizar la configuración, seleccionar la opción He finalizado y hacer clic sobre el botón **Siguiente**.

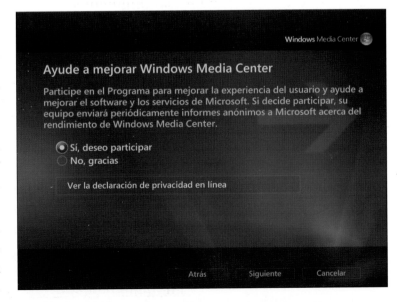

9. Hacer clic sobre el botón **Finalizar** para empezar a trabajar con Windows Media Center.

TV y películas

1. Para seleccionar la categoría TV y películas de Windows Media Center, pulsar las teclas **Flecha arriba** o **Flecha abajo** hasta activarla o bien, hacer clic directamente sobre su nombre.

2. Para recorrer las distintas opciones disponibles en la categoría TV y películas, pulsar las teclas **Flecha izda.** o **Flecha dcha.** hasta activar la opción deseada y pulsar a continuación la tecla **Intro** o bien, hacer clic directamente sobre su nombre.

- TV grabada. Muestra los vídeos almacenados en el ordenador procedentes de grabaciones directas desde la conexión de televisión del equipo. Para reproducir un vídeo, hacer clic sobre su imagen y, a continuación, hacer clic sobre el botón **Reproducir**.

- Reproducir DVD. Windows Media Center es capaz de reproducir algunos formatos de DVD en el ordenador. Normalmente, la aplicación detectará automáticamente el momento en que se introduzca algún DVD de vídeo en la unidad correspondiente e iniciará automáticamente su reproducción.

- Configurar tv. Esta opción permite configurar el funcionamiento de la tarjeta sintonizadota de televisión instalada en el equipo.

Para regresar en cualquier momento a la pantalla anterior de Windows Media Center, haga clic sobre el botón ⏴ que aparece en la esquina superior izquierda de la pantalla cuando se coloca sobre ella el puntero del ratón. Para regresar a la pantalla principal de la aplicación, haga clic sobre el botón ⊞.

Multimedia en línea

1. Para seleccionar la categoría Multimedia en línea de Windows Media Center, pulsar las teclas **Flecha arriba** o **Flecha abajo** hasta activarla o bien, hacer clic directamente sobre su nombre.

2. Hacer clic sobre la opción Biblioteca de programas o pulsar la tecla **Intro**.

3. Recorrer las distintas categorías de programas disponibles utilizando las teclas **Flecha izda.** y **Flecha dcha.** o haciendo clic sobre sus nombres o activar la categoría Programas por nombre para acceder a todos los programas.

4. Hacer clic sobre el icono del programa a ejecutar.

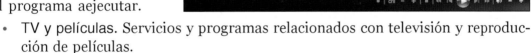

- TV y películas. Servicios y programas relacionados con televisión y reproducción de películas.

- Música y radio. Engloba los servicios y programas para escuchar música y emisoras de radio.

- Imágenes. Aplicaciones para la gestión y presentación de imágenes.

- Noticias y deportes. Servicios y aplicaciones relacionadas con deportes y noticias.

- Juegos. Juegos en línea y juegos instalados en el sistema.

- Estilo de vida. Servicios y programas relacionados con otros temas de interés.

- Tareas. Tareas de configuración de los servicios y aplicaciones.

Imágenes y vídeos

1. Para seleccionar la categoría Imágenes y vídeos de Windows Media Center, pulsar las teclas **Flecha arriba** o **Flecha abajo** hasta activarla o bien, hacer clic directamente sobre su nombre.

2. Para recorrer las opciones disponibles en la categoría Imágenes y vídeos, pulsar las teclas **Flecha izda.** o **Flecha dcha.** hasta activar la opción deseada y pulsar la tecla **Intro** o bien, hacer clic directamente sobre su nombre.

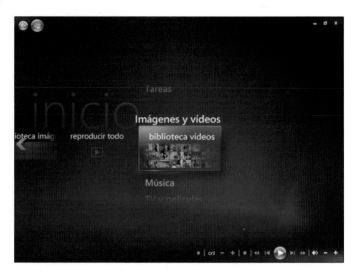

- Biblioteca imágenes. Contiene todas las imágenes disponibles en la biblioteca del sistema. Es posible organizar la biblioteca por carpetas, por etiquetas o por fecha de captura. Para ver el contenido de la biblioteca de imágenes, hacer clic sobre la categoría que se desee examinar. Para ver una imagen, hacer clic sobre su superficie. Para realizar una presentación de las imágenes seleccionadas, hacer clic sobre la opción Ver presentación.

- Biblioteca vídeo. Contiene los vídeos de la biblioteca del sistema. Esta biblioteca se puede organizar por carpetas y por fecha de captura. Para ver el contenido de la biblioteca de vídeos, hacer clic sobre la categoría que se desee examinar.

Para ver un vídeo, hacer clic sobre su imagen. Al finalizar la reproducción, hacer clic sobre los botones **Listo** (para finalizar la tarea), **Reiniciar** (para volver a reproducir el vídeo) o **Eliminar** (para borrar el vídeo de la biblioteca).

- Reproducir todo. Esta opción muestra todas las imágenes y vídeos.

Música

1. Para seleccionar la categoría Música de Windows Media Center, pulsar las teclas **Flecha arriba** o **Flecha abajo** o bien, hacer clic directamente sobre su nombre.

2. Para recorrer las distintas opciones disponibles en la categoría Música, pulsar las teclas **Flecha izda.** o **Flecha dcha.** hasta activar la opción deseada y pulsar a continuación la tecla **Intro** o bien, hacer clic directamente sobre su nombre.

- Biblioteca música. Contiene todos los archivos de música de la biblioteca. Según la categoría de ordenación, seleccionar el álbum, intérprete, género, etc. de la música que se desea escuchar y elegir el método de reproducción correspondiente.

- Reproducir todo. Reproduce toda la música disponible en la biblioteca del sistema.

- Radio. Proporciona acceso a los servicios y presintonias de radio disponibles en el sistema.

- Buscar. Permite localizar música en la biblioteca del sistema. En el cuadro de texto de la pantalla de búsqueda, introducir el término que se desee localizar o bien utilizar los iconos de la pantalla para escribir el texto. La búsqueda se inicia de forma automática a medida que se introduce el texto del criterio de localización. En la lista de resultados, hacer clic sobre el botón correspondiente al tema que se desee escuchar. Hacer clic sobre el álbum o canción que se desee escuchar y, a continuación, hacer clic sobre el botón de reproducción correspondiente.

Tareas

1. Para seleccionar la categoría Tareas de Windows Media Center, pulsar las teclas **Flecha arriba** o **Flecha abajo** hasta activarla o bien, hacer clic directamente sobre su nombre.

2. Para recorrer las distintas opciones disponibles en la categoría Tareas, pulsar las teclas **Flecha izda.** o **Flecha dcha.** hasta activar la opción deseada y pulsar a continuación la tecla **Intro** o bien, hacer clic directamente sobre su nombre.

- Configuración. Configuración general de Windows Media Center y de sus distintos servicios y dispositivos.

- Apagar. Herramientas para apagar, reiniciar, suspender y bloquear el sistema.

- Grabar CD o DVD. Herramientas para grabación de CD o DVD en el sistema.

- Sincronizar. Sincronización con dispositivos de almacenamiento multimedia externos.

- Agregar Extender. Herramienta para configuración de dispositivos *Extender* que se puedan manejar desde Windows Media Center.

- Sólo Media Center. Activar el modo Sólo Media Center, donde la aplicación se mostrará a pantalla completa ocultando los botones **Minimizar**, **Maximizar** y **Cerrar**.

Elegir imágenes y vídeos

1. Abrir el menú Inicio haciendo clic sobre su botón en la barra de tareas.

2. Hacer clic o situar el puntero del ratón sobre el vínculo Todos los programas. O bien, en el cuadro de búsqueda, escribir el nombre de la aplicación, "Windows DVD Maker".

3. Hacer clic sobre el acceso directo de Windows DVD Maker.

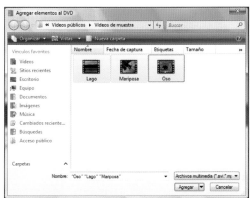

4. En la primera ventana de la aplicación, hacer clic sobre el botón **Elegir imágenes y vídeos**.

5. A continuación, hacer clic sobre el botón **Agregar elementos**.

6. En el cuadro de diálogo **Agregar elementos al DVD**, localizar la carpeta que contiene las imágenes o vídeos que se desean grabar en DVD. Seleccionar los archivos correspondientes y hacer clic sobre el botón **Agregar**.

7. En la ventana de Windows DVD Maker, hacer clic sobre el botón **Siguiente**.

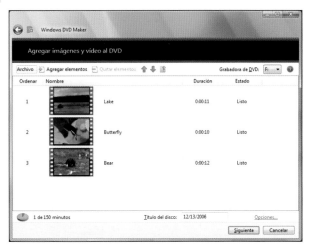

Crear un menú

1. En la lista situada en el lateral derecho de la ventana de Windows DVD Maker, elegir un estilo de menú haciendo clic sobre su imagen.

2. Hacer clic sobre el botón **Texto del menú** en la barra de comandos de la aplicación.

3. En la lista desplegable Fuente, seleccionar el tipo de letra que se desea utilizar para los componentes del menú del DVD.

4. Hacer clic sobre el botón **Color de fuente** Ⓐ para seleccionar el color del texto del menú.

5. En el cuadro de diálogo Color, seleccionar el nuevo color para el texto y hacer clic sobre **Aceptar**.

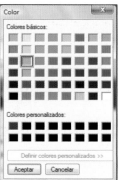

6. Activar o desactivar los botones **Negrita** Ⓑ y **Cursiva** Ⓘ para definir el estilo del texto.

7. En el cuadro de texto Título del disco, sustituir si es necesario el título del DVD que se desea crear.

8. En los cuadros de texto Botón de reproducción, Botón de escenas y Botón de notas, escribir los textos que se desean utilizar respectivamente para iniciar la reproducción del DVD, seleccionar las escenas del mismo y acceder a las notas del disco.

9. En el cuadro de texto Notas, escribir las anotaciones del disco.

10. Hacer clic sobre el botón **Cambiar texto**.

Personalizar un menú

1. En la ventana de Windows DVD Maker, hacer clic sobre el botón **Personalizar menú** de la barra de comandos.

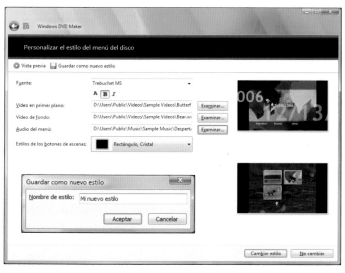

2. Si es necesario, utilizar el menú desplegable Fuente y los botones **Color de fuente**, **Negrita** y **Cursiva** para modificar las características del texto del menú del DVD.

3. Si el estilo lo permite, en los cuadros de texto Vídeo en primer plano y Vídeo de fondo, escribir la ruta de los archivos de vídeo que se desean utilizar como efectos de primer plano y de fondo en el menú del DVD o hacer clic sobre los botones **Examinar** contiguos para localizar los archivos en el sistema.

4. En el cuadro de texto Audio del menú, escribir la ruta del archivo de sonido que se desea utilizar como fondo musical para el menú o hacer clic sobre el botón **Examinar** contiguo para localizarlo en el sistema.

5. En la lista desplegable Estilo de los botones de escenas, seleccionar la forma deseada para los botones de muestra de las distintas escenas del DVD.

6. Hacer clic sobre el botón **Guardar como nuevo estilo** de la barra de comandos.

7. En el cuadro de texto Nombre de estilo, escribir el nombre para el nuevo estilo y hacer clic sobre el botón **Aceptar**. El nuevo estilo aparecerá en la sección Estilos personalizados de la lista del borde derecho de la ventana de Windows DVD Maker.

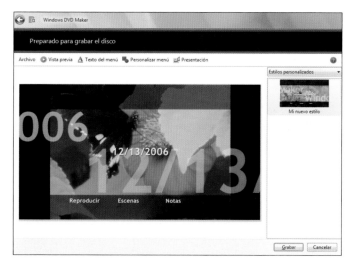

Presentación

1. Hacer clic sobre el botón **Presentación** de la barra de comandos de Windows DVD Maker.

2. Hacer clic sobre el botón **Agregar música** para añadir un archivo de sonido a una presentación de diapositivas en DVD.

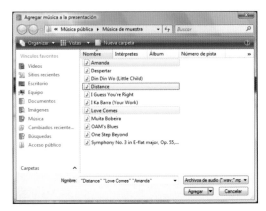

3. En el cuadro de diálogo Agregar música a la presentación, seleccionar el archivo o grupo de archivos de sonido que se desean incorporar a la presentación y hacer clic sobre el botón **Agregar**. Si es necesario, repetir los pasos 2 y 3 hasta añadir todos los archivos deseados.

4. En la lista desplegable Duración de la imagen, especificar el número de segundos que debe permanecer cada fotografía en la presentación del DVD o activar la casilla de verificación Cambiar la duración de la presentación de diapositivas para ajustarse a la duración de la música para determinar el tiempo de permanencia de las imágenes a partir de la duración de los archivos de sonido incorporados.

5. En la lista desplegable Transición, seleccionar el tipo de transición entre diapositivas deseado.

6. Activar la casilla de verificación Usar efectos de panorámica y zoom en las imágenes para incorporar dichos efectos a la presentación.

7. Hacer clic sobre el botón **Cambiar presentación**.

Para comprobar el efecto de los cambios en la presentación antes de validarlos, haga clic sobre el botón **Vista previa** de la barra de comandos.

Vista previa y grabación de un DVD

1. Una vez configurada la composición y menús del DVD, hacer clic sobre el botón **Vista previa** para obtener una vista preliminar del contenido antes de proceder a la grabación.

2. Los botones de la ventana de presentación permiten controlar la reproducción del DVD. Una vez finalizada la vista previa, hacer clic sobre el botón **Aceptar**.

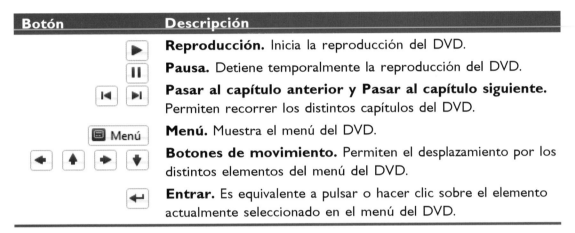

Botón	Descripción
▶	**Reproducción.** Inicia la reproducción del DVD.
❚❚	**Pausa.** Detiene temporalmente la reproducción del DVD.
◀◀ ▶▶	**Pasar al capítulo anterior y Pasar al capítulo siguiente.** Permiten recorrer los distintos capítulos del DVD.
🔲 Menú	**Menú.** Muestra el menú del DVD.
◀ ▲ ▶ ▼	**Botones de movimiento.** Permiten el desplazamiento por los distintos elementos del menú del DVD.
↵	**Entrar.** Es equivalente a pulsar o hacer clic sobre el elemento actualmente seleccionado en el menú del DVD.

3. Para iniciar la grabación del DVD, hacer clic sobre el botón **Grabar**.

4. Una vez finalizada la grabación, el disco se expulsará automáticamente. Hacer clic sobre la opción Hacer otra copia de este disco o sobre el botón **Cerrar** para completar el proceso.

Abrir el Calendario de Windows

1. Abrir el menú Inicio haciendo clic sobre su botón en la barra de tareas.

2. Hacer clic o situar el puntero del ratón sobre el vínculo Todos los programas.

O bien, en el cuadro de búsqueda, escribir el nombre del Calendario de Windows.

3. Hacer clic sobre el acceso directo del Calendario de Windows.

En la ventana de la aplicación Calendario de Windows, es posible distinguir los siguientes elementos:

- **Barra de comandos.** Ofrece un acceso directo a las funciones más comunes del Calendario de Windows.

- **Panel de navegación.** Muestra la fecha, los calendarios disponibles y las tareas del calendario seleccionado.

- **Planificación diaria.** Se muestran las citas, tareas y planificaciones del día seleccionado.

- **Panel de detalles.** Muestra los detalles del elemento seleccionado.

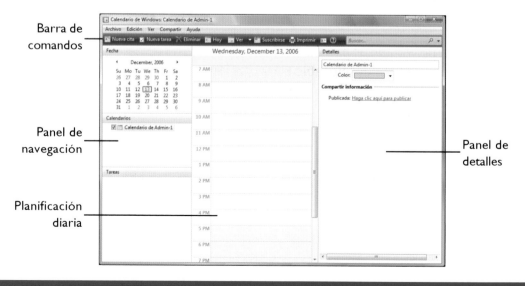

Programar citas

1. En la ventana del Calendario de Windows, seleccionar el día en el que se desea programar la nueva cita haciendo clic sobre su número en la sección Fecha del panel de navegación.

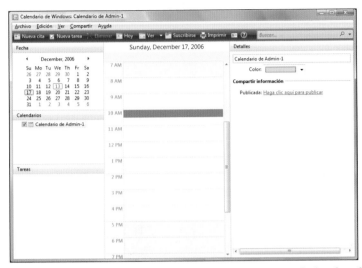

2. Seleccionar la hora en la que se desea programar la nueva cita haciendo clic sobre su entrada en el panel de planificación diaria de la aplicación.

3. Hacer clic sobre el botón **Nueva cita**.

4. Escribir el texto descriptivo de la cita y pulsar la tecla **Intro**.

5. En el cuadro de texto Ubicación del panel de detalles, escribir la ubicación de la cita y, si procede, en el cuadro de texto Dirección URL, una dirección Web con información sobre la cita.

6. En la lista desplegable Calendario, especificar el calendario al que pertenece la nueva cita.

7. En la sección Información de la cita, especificar si la cita tendrá una duración del día completo mediante la casilla de verificación correspondiente o indicar la fecha y hora de inicio y finalización de la cita mediante los controles correspondientes. Para establecer una periodicidad para la cita, seleccionar el valor correspondiente en la lista desplegable Periodicidad.

8. Para establecer un aviso en el Calendario de Windows, seleccionar el margen de tiempo correspondiente en la lista desplegable Aviso de la sección del mismo nombre.

9. En la sección Participantes, escribir los nombres de los participantes de la cita o reunión o hacer clic sobre el botón **Asistentes** para seleccionarlos entre los contactos de Windows.

Programar tareas

1. En la ventana del Calendario de Windows, hacer clic sobre el botón **Nueva tarea** de la barra de comandos.

2. Escribir el texto descriptivo de la nueva tarea y pulsar la tecla **Intro**.

3. En la lista desplegable Calendario, especificar el calendario al que pertenece la nueva tarea y, si es necesario, escribir una dirección URL con información sobre la tarea en el cuadro de texto Dirección URL.

4. En la sección Información de la tarea, especificar la prioridad de la misma mediante la lista desplegable Prioridad.

5. Definir la fecha de inicio y la fecha de última de finalización mediante los controles Inicio y Fecha de vencimiento.

6. Para establecer un aviso en el Calendario de Windows, seleccionar el margen de tiempo correspondiente en la lista desplegable Aviso de la sección del mismo nombre y especificar el día que se desea recibir el aviso.

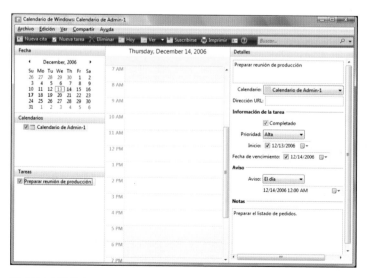

7. En la sección Notas, escribir la información adicional necesaria para la realización de la tarea.

8. Cuando la tarea esté completada, marcarla como tal activando su casilla de verificación en la sección Tareas del panel de navegación o activando la casilla de verificación Completado de su panel de detalles.

Opciones de presentación

Para mostrar la fecha actual en la ventana del Calendario de Windows:

1. Hacer clic sobre el botón **Hoy** de la barra de comandos.

Para cambiar el panel de planificación de la ventana del Calendario de Windows:

1. Hacer clic sobre el botón ⏷ situado junto al botón **Ver** de la barra de comandos.

2. Hacer clic sobre el comando correspondiente al tipo de presentación deseada.

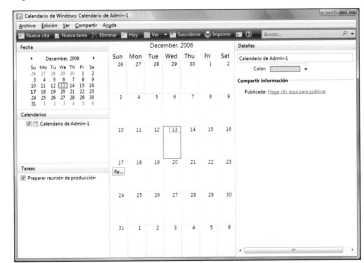

- Día. Muestra la franja horaria laboral del día actual.

- Semana laboral. Muestra la franja horaria laboral de la semana actual.

- Semana. Muestra la franja horaria laboral de la semana (incluyendo sábados y domingos).

- Mes. Muestra la planificación del mes actual.

Para mostrar u ocultar los paneles de navegación y detalles:

1. Abrir el menú Ver o desplegar el menú del botón **Ver** del panel de comandos.

2. Ejecutar el comando correspondiente del elemento que se desee mostrar u ocultar en la aplicación.

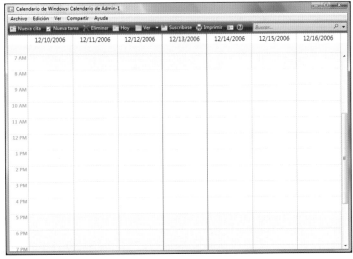

Para acceder a los contactos de Windows:

1. Ejecutar el comando Contactos del menú Ver del Calendario de Windows o bien hacer clic sobre el botón **Contactos** 🔳 de la barra de comandos.

Enviar un fax

1. Abrir el menú Inicio haciendo clic sobre su botón en la barra de tareas.

2. Hacer clic o situar el puntero del ratón sobre el vínculo Todos los programas. O bien, en el cuadro de búsqueda, escribir el nombre de la herramienta Fax y Escáner de Windows.

3. Hacer clic sobre el acceso directo de la herramienta Fax y Escáner de Windows.

4. Hacer clic sobre el botón **Nuevo fax** de la barra de comandos.

5. Si se desea, en la lista desplegable Portada, seleccionar cualquiera de las portadas predeterminadas del sistema para el fax.

6. En el cuadro de texto Para, escribir los datos del destinatario del fax o hacer clic sobre el botón del mismo nombre para localizarlos entre los contactos de Windows.

7. En el cuadro de texto Asunto, escribir la descripción del asunto del fax.

8. En el cuadro de texto Notas de la portada de página, escribir si procede los comentarios para la portada del fax.

9. En el cuadro de texto de la mitad inferior de la ventana Nuevo fax, escribir el contenido del fax.

10. Hacer clic sobre el botón **Enviar** para enviar el fax.

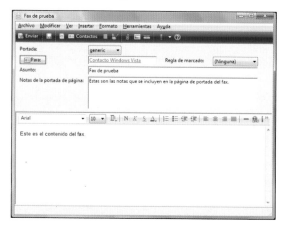

Digitalizar un documento

1. En la ventana de la herramienta Fax y Escáner de Windows, hacer clic sobre el botón **Nueva digitalización** de la barra de comandos.

2. Si es necesario, hacer clic sobre el botón **Cambiar** para seleccionar el escáner en el que se desea digitalizar el documento.

3. En la lista desplegable Perfil, seleccionar el tipo de documento que se desea digitalizar.

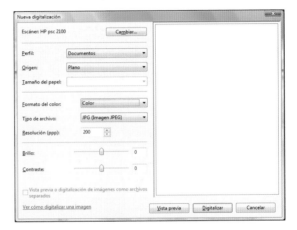

4. En las listas desplegables Origen y Tamaño del papel, seleccionar el tipo de origen del escáner y el tamaño del papel del documento que se desea digitalizar.

5. En los controles Formato del color, Tipo de archivo y Resolución, definir las características de la digitalización.

6. Hacer clic sobre el botón **Vista previa** para obtener una visión preliminar del documento a digitalizar.

7. Si es necesario, ajustar el brillo y el contraste de la imagen resultante mediante las barras deslizantes del mismo nombre del cuadro de diálogo.

8. Ajustar el área de digitalización el la sección de muestra del cuadro de diálogo.

9. Hacer clic sobre el botón **Digitalizar**.

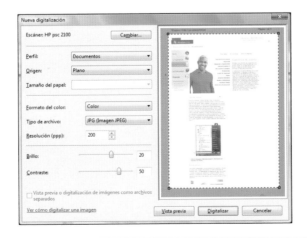

Capítulo 8
Accesorios
de Windows Vista

Abrir el Bloc de notas

1. Desplegar el menú Inicio haciendo clic sobre su botón en la barra de tareas de Windows Vista.

2. En el cuadro de búsqueda, escribir el nombre de la aplicación, "Bloc de notas".

3. En la lista de programas del menú, hacer clic sobre el acceso directo del Bloc de notas.

O bien:

1. Desplegar el menú Inicio haciendo clic sobre su botón en la barra de tareas de Windows Vista.

2. Hacer clic sobre el vínculo Todos los programas.

3. Hacer clic sobre la carpeta Accesorios.

4. Finalmente, hacer clic sobre el acceso directo del Bloc de notas.

En la ventana del Bloc de notas, es posible distinguir los siguientes elementos:

- **Cursor de edición.** Una barra vertical que parpadea. Muestra la posición actual para la inserción de texto.

- **Espacio de trabajo.** Es el espacio reservado para la inserción de texto.

- **Barras de desplazamiento.** Permiten el desplazamiento a lo largo de un documento grande de texto.

Abrir un nuevo documento

1. Abrir el menú Archivo haciendo clic sobre su nombre o pulsando la combinación de teclas **Alt-A**.

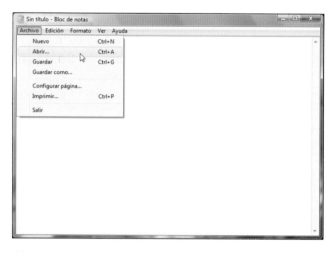

2. Ejecutar el comando Abrir haciendo clic sobre su nombre o pulsando la tecla **A**.

3. En el cuadro de texto Nombre del cuadro de diálogo Abrir, escribir el nombre y camino de acceso completo del archivo de texto que se desea abrir.

4. Hacer clic sobre el botón **Abrir** para abrir el documento.

O bien:

3. En el panel de vínculos favoritos o en el panel de carpetas del cuadro de diálogo Abrir, localizar la carpeta donde se encuentra ubicado el archivo de texto que se desea abrir.

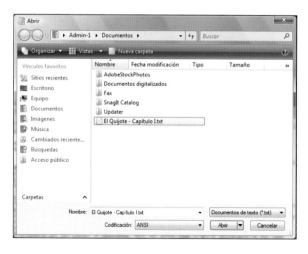

4. En la lista de la zona central del cuadro de diálogo, localizar el archivo que contiene el documento que se desea abrir y hacer doble clic sobre su nombre, o bien, seleccionarlo y hacer clic sobre el botón **Abrir**.

La aplicación Bloc de notas solamente permite abrir un documento de texto a la vez.

Crear un nuevo documento

1. Abrir el menú Archivo haciendo clic sobre su nombre o pulsando la combinación de teclas **Alt-A**.

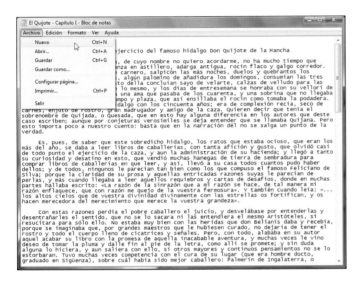

2. Ejecutar el comando Nuevo haciendo clic sobre su nombre o pulsando la tecla **N**. En la ventana del Bloc de notas aparecerá un documento en blanco con el nombre "Sin título".

3. Dado que el Bloc de notas no permite abrir más de un documento a la vez, si al ejecutar el comando Nuevo existe en la aplicación algún documento abierto cuyos cambios no hayan sido guardados, aparecerá en pantalla un cuadro de mensaje que permite escoger entre tres opciones:

- **Guardar.** Para guardar los cambios realizados en el documento actual y abrir un documento nuevo.

- **No guardar.** Para abandonar los cambios del documento actual y abrir el nuevo documento.

- **Cancelar.** Para abortar la creación del nuevo documento y regresar al documento actual.

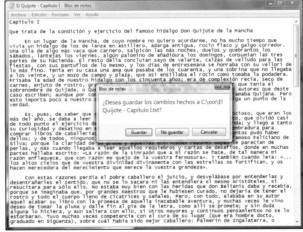

Guardar un documento

Para guardar un documento del Bloc de notas con el mismo nombre:

1. Abrir el menú Archivo haciendo clic sobre su nombre o pulsando la combinación de teclas **Alt-A**.

2. Ejecutar el comando Guardar haciendo clic sobre su nombre o pulsando la tecla **G**.

Para guardar un documento con un nombre distinto o un documento que todavía no haya sido almacenado con ningún nombre:

1. Abrir el menú Archivo haciendo clic sobre su nombre o pulsando la combinación de teclas **Alt-A**.

2. Ejecutar el comando Guardar como haciendo clic sobre su nombre o pulsando la tecla **O**.

3. Si es necesario, hacer clic sobre el vínculo Examinar carpetas en la esquina inferior izquierda del cuadro de diálogo para abrir la lista de carpetas del sistema.

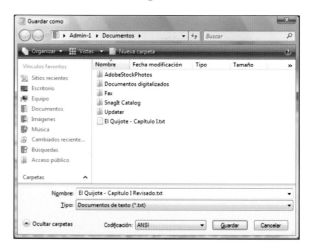

4. Localizar la carpeta donde se desea almacenar el nuevo documento.

5. En el cuadro de texto Nombre, especificar el nombre que se desea asignar al documento.

6. Hacer clic en **Guardar** para almacenar el documento.

 También puede ejecutarse el comando Guardar del menú Archivo pulsando la combinación de teclas **Control-G**.

Imprimir

1. Abrir el menú Archivo haciendo clic sobre su nombre o pulsando la combinación de teclas **Alt-A**.

2. Ejecutar el comando Configurar página haciendo clic sobre su nombre o pulsando la tecla **C**.

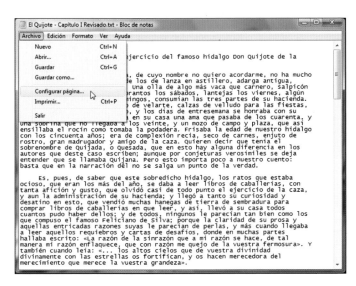

3. En la sección Papel del cuadro de diálogo Configurar página, seleccionar el tipo de papel y la fuente de alimentación que se desea utilizar para la impresión.

4. En la sección Orientación, especificar el tipo de orientación que se desea dar al texto: Vertical u Horizontal (apaisada).

5. En la sección Márgenes, fijar los márgenes del documento mediante los cuadros de texto Izquierdo, Derecho, Superior e Inferior.

6. En los cuadros de texto Encabezado y Pie de página, escribir el texto que se desea utilizar para el encabezado y el pie del documento.

7. Hacer clic sobre **Aceptar** para regresar al documento Bloc de notas.

8. Ejecutar el comando Imprimir del menú Archivo de la aplicación.

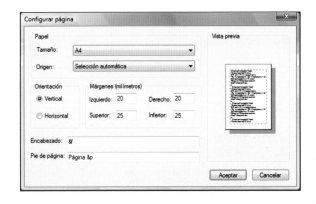

Seleccionar texto

Para seleccionar un bloque de texto en un documento Bloc de notas:

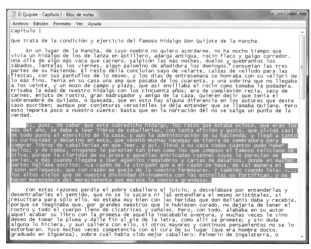

1. Situar el puntero del ratón al principio del bloque de texto que se desea seleccionar.

2. Hacer clic con el botón izquierdo del ratón y arrastrarlo hasta alcanzar la posición del último carácter que se desea seleccionar. El texto seleccionado, aparecerá en pantalla en vídeo inverso.

O bien:

1. Situar el cursor de edición del programa al principio del bloque de texto que se desea seleccionar.

2. Mantener presionada la tecla **Mayús** mientras se utilizan las teclas de dirección **Flecha dcha.** y **Flecha abajo** hasta alcanzar la posición del último carácter que se desea seleccionar.

Para seleccionar una palabra en un documento Bloc de notas:

1. Situar el puntero del ratón sobre la palabra que se desea seleccionar.

2. Hacer doble clic con el botón izquierdo del ratón.

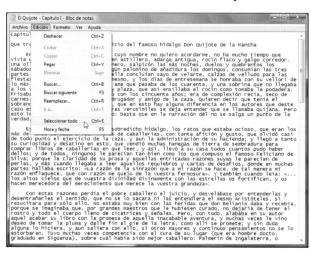

Para seleccionar todo un documento del Bloc de notas:

1. Abrir el menú Edición haciendo clic sobre su nombre o pulsando la combinación de teclas **Alt-E**.

2. Ejecutar el comando Seleccionar todo haciendo clic sobre su nombre o pulsando la tecla **T**.

Copiar, cortar y pegar texto

Para copiar o cortar un bloque de texto de un documento Bloc de notas:

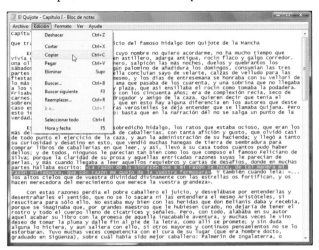

1. Seleccionar el bloque de texto que se desea copiar o cortar.

2. Ejecutar los comandos Copiar (para crear una copia manteniendo el texto en su posición original) o Cortar (para crear una copia eliminando el texto de su posición original) del menú Edición.

 También puede ejecutar los comandos Copiar y Cortar del menú Edición pulsando las combinaciones de teclas **Control-C** y **Control-X**.

Para pegar un bloque de texto en un documento Bloc de notas:

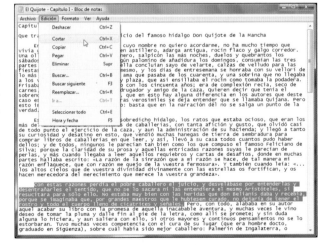

1. Situar el cursor de edición en el punto donde se desea pegar el bloque de texto haciendo clic sobre su posición o utilizando las teclas de dirección.

2. Ejecutar el comando Pegar del menú Edición de la aplicación.

 También puede ejecutar el comando Pegar del menú Edición pulsando la combinación de teclas **Control-V**.

Abrir la Calculadora

1. Desplegar el menú Inicio haciendo clic sobre su botón en la barra de tareas de Windows Vista.

2. En el cuadro de búsqueda, escribir el nombre de la aplicación, "Calculadora".

3. En la lista de programas del menú, hacer clic sobre el acceso directo de la Calculadora.

O bien:

1. Desplegar el menú Inicio haciendo clic sobre su botón en la barra de tareas de Windows Vista.

2. Hacer clic sobre el vínculo Todos los programas.

3. Hacer clic sobre la carpeta Accesorios.

4. Hacer clic sobre el acceso directo de la Calculadora.

En la ventana de la Calculadora es posible distinguir los siguientes elementos:

- **Display.** Muestra el contenido de los datos introducidos en la Calculadora.

- **Botones de memoria.** Permiten almacenar y recuperar números de la memoria de la Calculadora.

- **Botones de corrección.** Permiten realizar correcciones en los datos introducidos en la Calculadora.

- **Botones de operación.** Permiten introducir números y realizar operaciones matemáticas con la Calculadora.

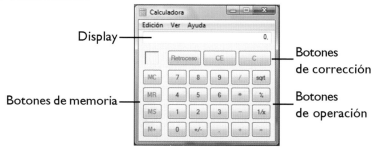

Formatos

Para cambiar a la presentación de calculadora científica:

1. Abrir el menú Ver haciendo clic sobre su nombre o pulsando la combinación de teclas **Alt-V**.

2. A continuación, ejecutar el comando Científica haciendo clic sobre su nombre o pulsando la tecla **C**.

Para cambiar a la presentación de calculadora estándar:

1. Abrir el menú Ver haciendo clic sobre su nombre o pulsando la combinación de teclas **Alt-V**.

2. A continuación, ejecutar el comando Estándar haciendo clic sobre su nombre o pulsando la tecla **E**.

 El comando Números de dígito en grupo permite mostrar u ocultar el carácter de separación de miles (punto) en la presentación de datos del display.

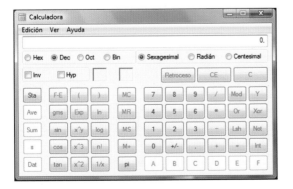 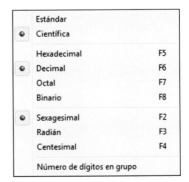

Funciones básicas

Para escribir un número en la pantalla de la calculadora:

1. Hacer clic sobre los botones numéricos de la calculadora o pulsar la tecla correspondiente.

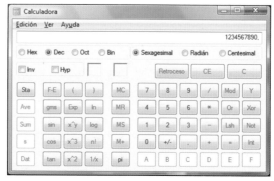

Para eliminar el último dígito de la pantalla de la calculadora:

1. Hacer clic sobre el botón **Retroceso** o pulsar la tecla **Retroceso**.

Para eliminar el último operando introducido:

1. Hacer clic sobre el botón **CE** o pulsar la tecla **Supr**.

Para borrar completamente el contenido de la calculadora:

1. Hacer clic sobre el botón **C** o pulsar la tecla **Esc**.

Para realizar un cálculo sencillo:

1. Escribir el primer operando.

2. Hacer clic sobre los botones + (para sumar), - (para restar), * (para multiplicar) o / (para dividir) o pulsar las teclas correspondientes.

3. Escribir el segundo operando.

4. Hacer clic sobre el botón = o pulsar la tecla **Intro**.

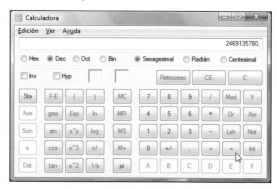

Intercambiar información

Para copiar el contenido de la pantalla de la calculadora en el Portapapeles de Windows Vista.

1. Abrir el menú Edición haciendo clic sobre su nombre o pulsando la combinación de teclas **Alt-E**.

2. Ejecutar el comando Copiar haciendo clic sobre su nombre o pulsando la tecla **C**.

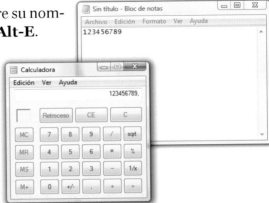

 También puede ejecutar el comando Copiar del menú Edición pulsando la combinación de teclas **Control-C**.

Para pegar el contenido del Portapapeles en la pantalla de la calculadora:

1. Abrir el menú Edición haciendo clic sobre su nombre o pulsando la combinación de teclas **Alt-E**.

2. Ejecutar el comando Pegar haciendo clic sobre su nombre o pulsando la tecla **P**.

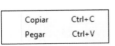

 También puede ejecutar el comando Pegar del menú Edición pulsando la combinación de teclas **Control-V**.

Abrir la grabadora de sonidos

1. Desplegar el menú Inicio haciendo clic sobre su botón en la barra de tareas de Windows Vista.

2. En el cuadro de búsqueda, escribir el nombre de la aplicación, "Grabadora de sonidos".

3. En la lista de programas del menú, hacer clic sobre el acceso directo de la Grabadora de sonidos.

O bien:

1. Desplegar el menú Inicio haciendo clic sobre su botón en la barra de tareas de Windows Vista.

2. Hacer clic sobre el vínculo Todos los programas.

3. Hacer clic sobre la carpeta Accesorios.

4. Hacer clic sobre el acceso directo de la Grabadora de sonidos.

- **Control de la grabación.** Permite iniciar, detener o reanudar la grabación.
- **Duración.** Muestra el tiempo de duración total de la grabación actual.
- **Volumen.** Indica de forma gráfica el volumen de la grabación actual.
- **Ayuda.** Muestra la ayuda de la aplicación.

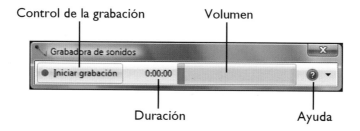

Grabación

Para iniciar la grabación de un nuevo archivo de sonido:

1. En la ventana de la Grabadora de sonidos, hacer clic sobre el botón **Iniciar grabación** situado en el extremo izquierdo de la ventana.

2. Utilizar el micrófono para realizar la grabación del archivo de sonido.

 Para especificar un intérprete y un nombre de álbum para el nuevo archivo de sonido, haga clic sobre los vínculos correspondientes en el borde inferior del cuadro de diálogo Guardar como.

Para detener la grabación de un archivo de sonido:

1. Hacer clic sobre el botón **Detener grabación**.

2. Si es necesario, hacer clic sobre el vínculo Examinar carpetas para mostrar el panel de navegación del cuadro de diálogo Guardar como.

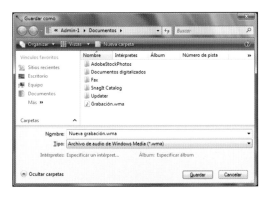

3. Localizar la carpeta donde se desea almacenar el nuevo archivo de sonido mediante el panel Carpetas del cuadro de diálogo.

4. En el cuadro de texto Nombre, escribir el nombre que se desea asignar al archivo de sonido.

5. Hacer clic sobre el botón **Guardar**.

 Si hace clic sobre el botón **Cancelar** en el cuadro de diálogo Guardar como, la grabación actual quedará temporalmente interrumpida, pudiendo reanudarla en cualquier momento haciendo clic sobre el botón **Reanudar grabación**.

Abrir Paint

1. Desplegar el menú Inicio haciendo clic sobre su botón en la barra de tareas de Windows Vista.

2. En el cuadro de búsqueda, escribir el nombre de la aplicación, "Paint".

3. En la lista de programas del menú, hacer clic sobre el acceso directo de Paint.

O bien:

1. Desplegar el menú Inicio haciendo clic sobre su botón en la barra de tareas de Windows Vista.

2. Hacer clic sobre el vínculo Todos los programas.

3. Hacer clic sobre la carpeta Accesorios.

4. Para finalizar, hacer clic sobre el acceso directo de Paint.

En la ventana de Paint es posible distinguir los siguientes elementos:

- **Caja de herramientas.** Contiene las herramientas de dibujo de Paint.

- **Selección del formato de herramienta.** Permite escoger entre distintos formatos y grosores de la herramienta seleccionada.

- **Área de dibujo.** Es la hoja de papel donde se desarrollan los dibujos de Paint.

- **Paleta.** Permite seleccionar distintos colores para las herramientas de Paint.

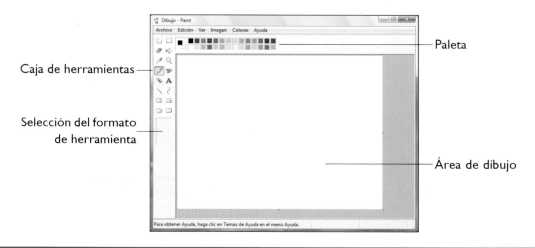

Caja de herramientas

Selección del formato de herramienta

Paleta

Área de dibujo

Abrir un dibujo

1. Abrir el menú Archivo haciendo clic sobre su nombre o pulsando la combinación de teclas **Alt-A**.

2. Ejecutar el comando Abrir haciendo clic sobre su nombre o pulsando la tecla **A**.

3. En el cuadro de texto Nombre del cuadro de diálogo Abrir, escribir el nombre y la ruta de acceso completa del dibujo que se desea abrir.

4. Hacer clic sobre el botón **Abrir** para abrir el documento.

O bien:

3. En la lista desplegable de la esquina inferior derecha del cuadro de diálogo Abrir, seleccionar el formato del archivo que se desea abrir (BMP, JPEG, TIFF, PNG, etc.)

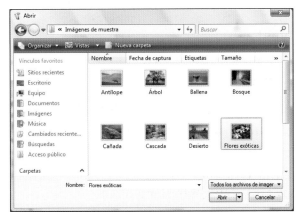

4. En el panel de carpetas del cuadro de diálogo, seleccionar la carpeta donde se encuentra ubicado el dibujo que se desea abrir.

5. En el cuadro de lista que ocupa la zona central del cuadro de diálogo, localizar el archivo que contiene el documento que se desea abrir y hacer doble clic sobre su nombre, o bien, seleccionarlo y hacer clic sobre el botón **Abrir**.

Crear un nuevo dibujo

1. Abrir el menú Archivo haciendo clic sobre su nombre o pulsando la combinación de teclas **Alt-A**.

2. Ejecutar el comando Nuevo haciendo clic sobre su nombre o pulsando la tecla **N**. En la ventana de Paint aparecerá un nuevo documento en blanco con el nombre "Dibujo".

3. Dado que Paint no permite abrir más de un documento a la vez, si al ejecutar el comando Nuevo existe algún cambio que todavía no haya sido guardado, aparecerá en pantalla un cuadro de mensaje que nos permite escoger entre tres opciones:

- **Guardar.** Para guardar los cambios realizados en el documento actual y abrir un documento nuevo.

- **No guardar.** Para abandonar los cambios del documento actual y abrir el nuevo documento.

- **Cancelar.** Para abortar la creación del nuevo documento y regresar al documento actual.

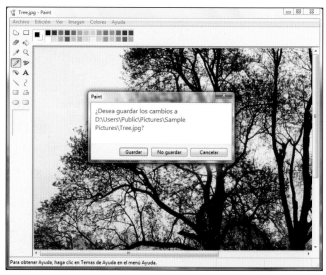

Guardar un dibujo

Para guardar un documento de Paint con el mismo nombre:

1. Abrir el menú Archivo haciendo clic sobre su nombre o pulsando la combinación de teclas **Alt-A**.

2. Ejecutar el comando Guardar haciendo clic sobre su nombre o pulsando la tecla **G**.

Para guardar un documento con un nombre distinto o un documento que todavía no haya sido almacenado con ningún nombre:

1. Abrir el menú Archivo haciendo clic sobre su nombre o pulsando la combinación de teclas **Alt-A**.

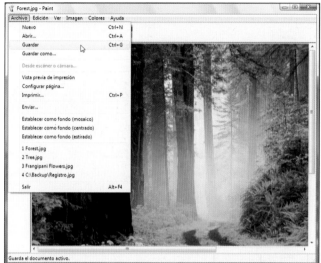

2. Ejecutar el comando Guardar como haciendo clic sobre su nombre o pulsando la tecla **M**.

3. En el panel de carpetas, seleccionar la carpeta o unidad de disco donde se desea almacenar el dibujo.

4. A continuación, en el cuadro de texto Nombre, especificar el nombre que se desea asignar al dibujo.

5. Hacer clic sobre el botón **Aceptar** para guardar el documento.

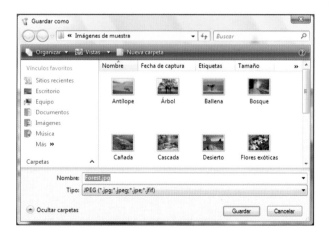

Selección

 1. Activar las herramientas **Selección** o **Selección de forma libre** haciendo clic sobre su botón en el cuadro de herramientas.

2. Activar el formato de selección (opaco o transparente) haciendo clic en el recuadro situado debajo de la caja de herramientas.

Para seleccionar un fragmento de imagen rectangular con la herramienta **Selección**:

3. Situar el puntero del ratón sobre el área de trabajo de la aplicación, en cualquiera de las esquinas del rectángulo de selección.

4. Hacer clic con el botón izquierdo del ratón y arrastrarlo hasta la esquina opuesta del rectángulo de selección.

5. Soltar el botón del ratón.

Para seleccionar un fragmento de imagen irregular con la herramienta **Selección de forma libre**:

3. Situar el puntero del ratón sobre el área de trabajo de la aplicación, en el punto donde se desee comenzar la selección.

4. Hacer clic con el botón izquierdo del ratón y arrastrarlo siguiendo el contorno de la selección que se desee realizar.

5. Finalmente, soltar el botón del ratón para dar por completada la operación.

Copiar y cortar

Para copiar un fragmento de imagen de un documento Paint:

1. Seleccionar el fragmento de imagen que se desea copiar.

2. Abrir el menú Edición haciendo clic sobre su nombre o pulsando la combinación de teclas **Alt-E**.

3. Ejecutar el comando Copiar haciendo clic sobre su nombre o pulsando la tecla **C**.

Para cortar un fragmento de imagen de un documento Paint:

1. Seleccionar el fragmento de imagen que se desea cortar.

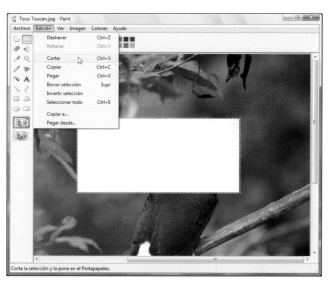

2. Abrir el menú Edición haciendo clic sobre su nombre o pulsando la combinación de teclas **Alt-E**.

3. Ejecutar el comando Cortar haciendo clic sobre su nombre o pulsando la tecla **O**.

 También puede ejecutar los comandos Cortar y Copiar pulsando la combinación de teclas **Control-C** y **Control-X**.

Pegar y eliminar

Para pegar un fragmento de imagen en un documento Paint:

1. Abrir el menú Edición haciendo clic sobre su nombre o pulsando la combinación de teclas **Alt-E**.

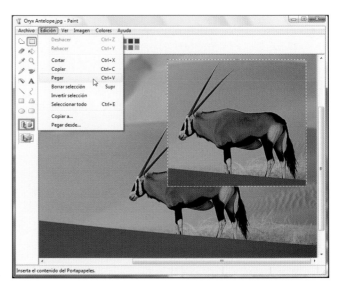

2. Ejecutar el comando Pegar haciendo clic sobre su nombre o pulsando la tecla **P**.

3. Hacer clic sobre el fragmento de imagen pegado y arrastrarlo hacia su nueva posición.

Para borrar un fragmento de imagen de un documento Paint:

1. Seleccionar el fragmento de imagen que se desea eliminar.

También puede ejecutar el comando Pegar del menú Edición pulsando la combinación de teclas **Control-V**.

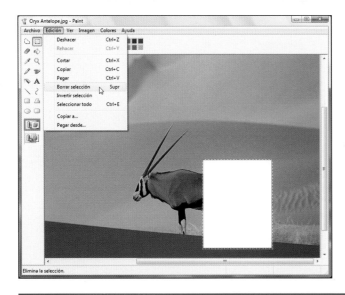

2. Abrir el menú Edición haciendo clic sobre su nombre o pulsando la combinación de teclas **Alt-E**.

3. Ejecutar el comando Borrar selección haciendo clic sobre su nombre o pulsando la tecla **B**.

Línea

 1. Seleccionar la herramienta **Línea** haciendo clic sobre su botón en el cuadro de herramientas.

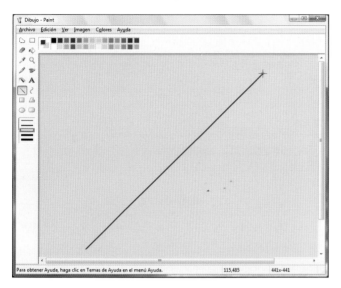

2. Seleccionar el ancho de línea deseado haciendo clic en el recuadro situado debajo de la caja de herramientas.

3. Seleccionar el color de la línea haciendo clic en la paleta de colores situada en el borde superior de la ventana de la aplicación.

4. Situar el puntero del ratón sobre el área de trabajo de la aplicación, en cualquiera de los extremos de la línea que se desea dibujar.

 Puede crear una línea recta manteniendo presionada la tecla **Mayús**.

5. Hacer clic con el botón izquierdo del ratón y arrastrarlo hasta el extremo opuesto de la línea que se desea dibujar.

6. Soltar el botón del ratón.

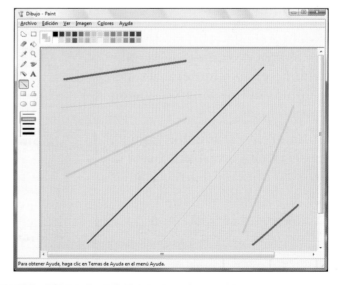

Rectángulo y Rectángulo redondeado

 1. Seleccionar la herramienta **Rectángulo** o **Rectángulo redondeado** haciendo clic sobre su botón en el cuadro de herramientas.

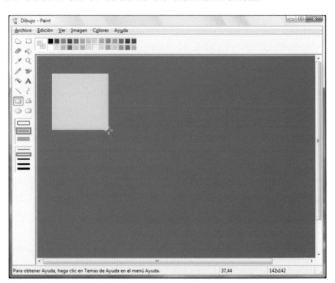

2. Seleccionar el tipo de relleno del rectángulo haciendo clic en el recuadro situado debajo de la caja de herramientas.

3. Seleccionar el color de contorno del rectángulo haciendo clic con el botón izquierdo del ratón en la paleta de colores situada en el borde inferior de la ventana de la aplicación.

 Puede crear un cuadrado perfecto manteniendo presionada la tecla **Mayús**.

4. Seleccionar el color de relleno del rectángulo haciendo clic con el botón derecho del ratón en la paleta de colores.

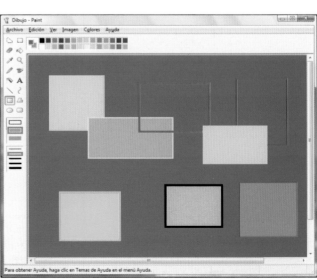

5. Situar el puntero del ratón sobre el área de trabajo de la aplicación, en cualquiera de las esquinas del rectángulo que se desea dibujar.

6. Hacer clic con el botón izquierdo del ratón y arrastrarlo hasta la esquina opuesta del rectángulo que se desea dibujar.

7. Soltar el botón del ratón.

Relleno con color

 1. Seleccionar la herramienta **Relleno con color** haciendo clic sobre su botón en el cuadro de herramientas.

2. Seleccionar el color de relleno haciendo clic con el botón izquierdo del ratón en la paleta de colores.

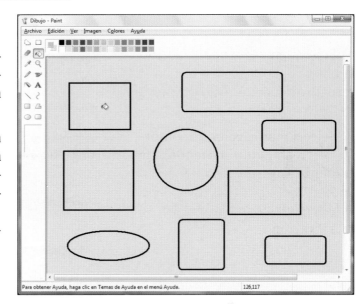

3. Situar el puntero del ratón sobre el área de trabajo de la aplicación, en cualquier punto de la superficie que se desea rellenar.

4. Hacer clic con el botón izquierdo del ratón.

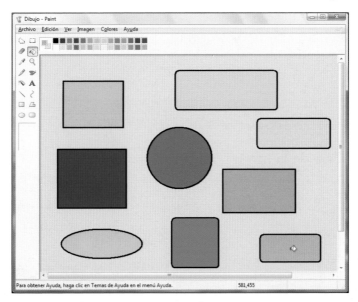

 Si el resultado no es el esperado, puede ejecutar el comando Deshacer del menú Edición, o pulsar la combinación de teclas **Control-Z**.

Pincel

 1. Seleccionar la herramienta **Pincel** haciendo clic sobre su botón en el cuadro de herramientas.

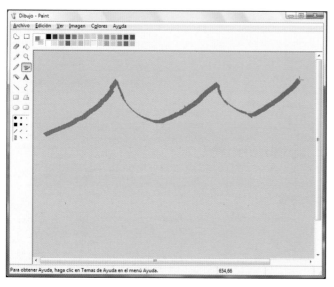

2. Seleccionar el tipo y tamaño de pincel haciendo clic en el recuadro situado debajo del cuadro de herramientas.

3. A continuación, seleccionar el color de dibujo haciendo clic con el botón izquierdo del ratón en la paleta de colores situada en el borde inferior de la ventana de la aplicación.

4. Situar el puntero del ratón sobre el área de trabajo de la aplicación, en el punto donde se desee comenzar el dibujo.

5. Hacer clic con el botón izquierdo del ratón y arrastrarlo siguiendo el contorno del dibujo que se desee realizar.

6. Soltar el botón del ratón.

Borrador/Borrador de color

 1. Seleccionar la herramienta **Borrador/Borrador de color** haciendo clic sobre su botón en el cuadro de herramientas.

2. Seleccionar el tamaño del borrador haciendo clic en el recuadro situado debajo del cuadro de herramientas.

3. Seleccionar el color de fondo haciendo clic con el botón derecho del ratón en la paleta de colores situada en el borde inferior de la ventana de la aplicación.

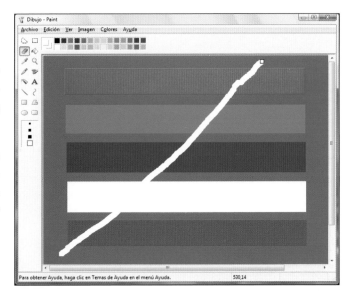

4. Para el borrador de color, seleccionar el color de borrado haciendo clic con el botón izquierdo del ratón en la paleta.

5. Situar el puntero del ratón sobre el área de trabajo de la aplicación, en el punto donde se desee comenzar a borrar el dibujo.

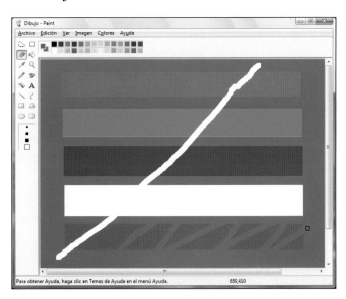

6. Hacer clic con el botón izquierdo del ratón y arrastrarlo por la superficie que se desee borrar, o bien utilizar el botón derecho para borrar solamente el color seleccionado como primer plano.

7. Soltar el botón del ratón.

Imprimir un dibujo

1. Abrir el menú Archivo haciendo clic sobre su nombre o pulsando la combinación de teclas **Alt-A**.

2. Ejecutar el comando Configurar página haciendo clic sobre su nombre o pulsando la tecla **U**.

3. En la sección Papel del cuadro de diálogo Configurar página, seleccionar el tipo de papel y la fuente de alimentación que se desea utilizar para la impresión.

4. En la sección Orientación, especificar el tipo de orientación que se desea dar al dibujo: Vertical u Horizontal (apaisada).

5. En la sección Márgenes, fijar los márgenes del documento mediante los cuadros de texto Izquierda, Derecha, Superior e Inferior.

6. Seguidamente, en la sección Centrado, especificar la alineación de la imagen en la página impresa.

7. En la sección Escala, definir la proporción que debe tener la imagen para encajar en la página impresa.

8. Hacer clic sobre **Aceptar** para regresar al documento Paint.

9. A continuación, ejecutar el comando Imprimir del menú Archivo.

10. En el cuadro de diálogo Imprimir, seleccionar el número de copias que se desean realizar y hacer clic sobre el botón **Imprimir**.

Crear un recorte

1. Desplegar el menú Inicio haciendo clic sobre su botón en la barra de tareas de Windows Vista.

2. En el cuadro de búsqueda, escribir el nombre de la aplicación, "Recortes".

3. En la lista de programas del menú, hacer clic sobre el acceso directo de Recortes.

O bien:

1. Desplegar el menú Inicio haciendo clic sobre su botón en la barra de tareas de Windows.

2. A continuación, hacer clic sobre el vínculo Todos los programas.

3. Hacer clic sobre la carpeta Accesorios.

4. Seguidamente, hacer clic sobre el acceso directo de Recortes.

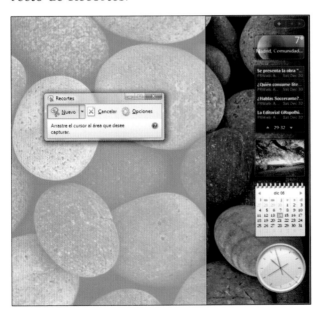

5. En la lista desplegable del botón **Nuevo** de la aplicación, seleccionar el tipo de recorte que se desea realizar: forma libre, rectangular, ventana o pantalla completa.

6. Hacer clic sobre la pantalla y arrastrar el ratón hasta definir la forma del recorte deseado.

7. Soltar el botón del ratón.

Editar un recorte

 1. Desplegar el menú del botón **Lápiz** de la ventana de Recortes y seleccionar el tipo de lapicero con el que se desean realizar anotaciones en la imagen. Para personalizar el color y el grosor del lápiz, ejecutar el comando Personalizar.

2. Hacer clic sobre la imagen de la ventana de Recortes y arrastrar el ratón hasta definir la forma deseada.

 3. Hacer clic sobre el botón **Marcador de resaltado** para definir una marca de rotulador fosforescente sobre la imagen.

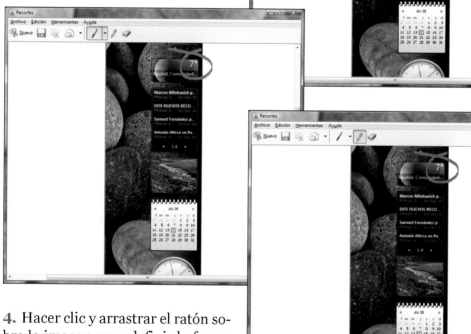

4. Hacer clic y arrastrar el ratón sobre la imagen para definir la forma de la marca fosforescente.

 5. Para borrar cualquiera anotación en la imagen de Recortes, hacer clic sobre el botón **Borrador** y, a continuación, hacer clic sobre la anotación correspondiente.

Copiar un recorte

 1. Una vez capturado el recorte que se desea copiar, hacer clic sobre el botón **Copiar** de la ventana de Recortes.

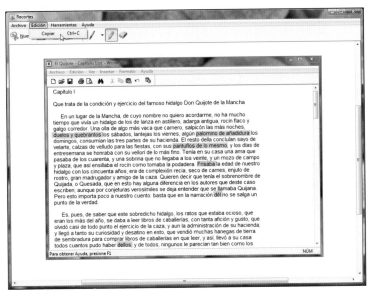

O bien:

1. Abrir el menú Edición de la aplicación haciendo clic sobre su nombre o pulsando la combinación de teclas **Alt-E**.

2. Ejecutar el comando Copiar haciendo clic sobre su nombre o pulsando la tecla **C**.

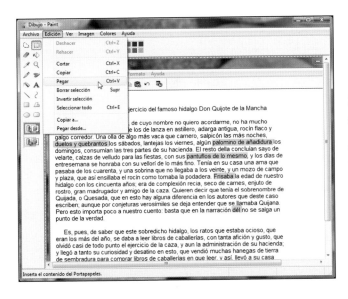

3. Abrir la aplicación donde se desea colocar el recorte.

4. Ejecutar el comando Pegar del menú Edición (o similar) de la aplicación.

 También se pueden ejecutar los comando Copiar y Pegar del menú Edición pulsando respectivamente las combinaciones de teclas **Control-C** y **Control-V**.

Guardar un recorte

 1. En la ventana de Recortes, una vez capturado el recorte deseado, hacer clic sobre el botón **Guardar recorte**.

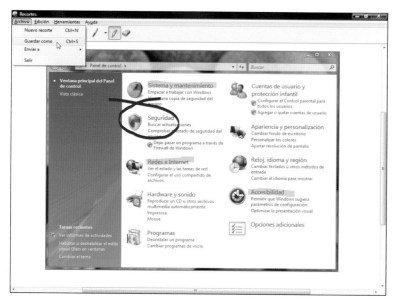

O bien:

1. Desplegar el menú Archivo haciendo clic sobre su nombre o pulsando la combinación de teclas **Alt-A**.

2. Ejecutar el comando Guardar como haciendo clic sobre su nombre o pulsando la tecla **G**.

3. Si es necesario, hacer clic sobre el vínculo Examinar carpetas en la esquina inferior izquierda del cuadro de diálogo para abrir la lista de carpetas del sistema.

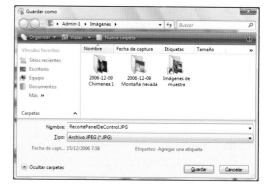

4. Localizar la carpeta donde se desea almacenar el nuevo recorte.

5. En el cuadro de texto Nombre, especificar el nombre que se desea asignar al recorte.

6. Hacer clic sobre el botón **Guardar** para almacenar el recorte.

 Los recortes se pueden almacenar como archivos .PNG, .GIF, .JPG o en formato HTML de un solo archivo.

 También puede ejecutar el comando Guardar como del menú Archivo pulsando la combinación de teclas **Control-S**.

Enviar un recorte

 1. Una vez capturado el recorte deseado hacer clic en la ventana de Recortes, hacer clic sobre el icono en forma de punta de flecha situado junto al botón **Enviar recorte** de la aplicación.

2. En el menú desplegable, hacer clic sobre el comando correspondiente al tipo de envío que se desee realizar del recorte: Destinatario de correo electrónico, para incluir el recorte en el cuerpo del mensaje o Destinatario de correo electrónico (como datos adjuntos) para incluir el recorte como adjunto del mensaje.

3. En los cuadros de texto Para y CC de la ventana de mensaje, escribir las direcciones de correo electrónico de los destinatarios del mensaje o bien hacer clic sobre los botones correspondientes para localizar las direcciones entre los contactos de Windows.

4. En el cuadro de texto Asunto, modificar si es necesario el texto que describe el asunto del mensaje.

5. Modificar el cuerpo del mensaje incluyendo los comentarios y anotaciones necesarias.

6. Hacer clic sobre el botón **Enviar**.

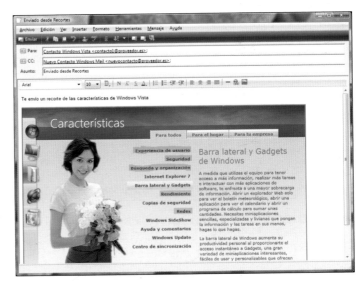

Opciones de recortes

Para configurar las opciones de comportamiento de la herramienta Recortes:

1. En la ventana de Recortes, desplegar el menú Herramientas haciendo clic sobre su nombre o pulsando la combinación de teclas **Alt-H**.

2. Ejecutar el comando Opciones haciendo clic sobre su nombre o pulsando la tecla **O**.

3. Seleccionar las opciones de configuración deseadas y hacer clic sobre el botón **Aceptar**.

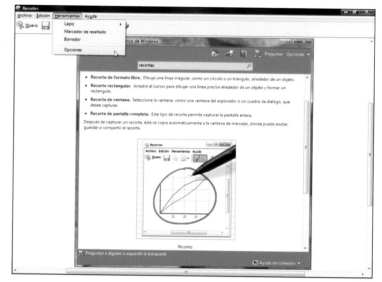

- **Ocultar texto con instrucciones.** Muestra u oculta las instrucciones de captura del programa.

- **Siempre copiar recortes al Portapapeles.** Permite copiar la información de la captura de la aplicación Recortes en el Portapapeles de Windows.

- **Incluir dirección URL debajo de los recortes.** Cuando se almacena un recorte en formato HTML, incluye la dirección URL correspondiente.

- **Preguntar si se desean guardar recortes antes de salir.** Si esta opción está activada, el programa preguntará si se desean guardar en disco los nuevos recortes antes de cerrar la aplicación.

- **Mostrar icono en la barra de herramientas Inicio rápido.** Muestra un acceso directo de la aplicación en la barra de herramientas Inicio rápido.

- **Mostrar superposición de pantallas cuando Recortes esté activo.** Si esta opción está activa, muestra la ventana de recortes en primer plano y el área de trabajo de la pantalla que se desea capturar en un segundo plano.

- **Color de la tinta.** Define el color de la tinta para las anotaciones.

- **Mostrar tinta de selección después de capturar recortes.** Muestra la tinta seleccionada después de capturar un recorte.

Abrir WordPad

1. Desplegar el menú Inicio haciendo clic sobre su botón en la barra de tareas de Windows Vista.

2. En el cuadro de búsqueda, escribir el nombre de la aplicación, "WordPad".

3. En la lista de programas del menú, hacer clic sobre el acceso directo de WordPad.

O bien:

1. Desplegar el menú Inicio haciendo clic sobre su botón en la barra de tareas de Windows.

2. A continuación, hacer clic sobre el vínculo Todos los programas.

3. Hacer clic sobre la carpeta Accesorios.

4. Hacer clic sobre el acceso directo de WordPad.

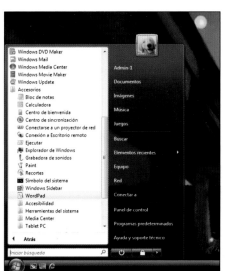

En la ventana de WordPad es posible distinguir los siguientes elementos:

- **Barras de herramientas.** Contiene atajos para ejecutar los comandos más utilizados en la aplicación.

- **Regla.** Muestra la posición de márgenes, sangrías y tabuladores.

- **Área de escritura.** Es el área destinada a escribir texto.

- **Cursor de edición.** Muestra la posición actual para la inserción de texto.

Abrir un documento

1. Abrir el menú Archivo haciendo clic sobre su nombre o pulsando la combinación de teclas **Alt-A**.

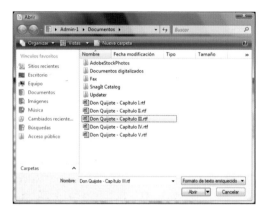

2. Ejecutar el comando Abrir haciendo clic sobre su nombre o pulsando la tecla **A**.

3. En el cuadro de texto Nombre del cuadro de diálogo Abrir, escribir el nombre y ruta de acceso completa del archivo de texto que se desea abrir.

4. Hacer clic sobre el botón **Abrir** para abrir el documento.

O bien:

3. En la lista desplegable de la esquina inferior derecha del cuadro de diálogo Abrir, seleccionar el tipo de documento que se desea abrir: formato de texto enriquecido, documentos de texto, formato MS-DOS, Unicode, etc.

4. En el panel de carpetas del cuadro de diálogo Abrir, localizar la carpeta donde se encuentra ubicado el archivo que se desea abrir.

5. En la lista de la zona central del cuadro de diálogo, localizar el archivo que contiene el documento que se desea abrir y hacer doble clic sobre su nombre, o bien, seleccionarlo y hacer clic sobre el botón **Abrir**.

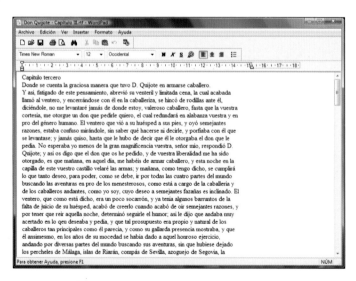

Crear un nuevo documento

1. Abrir el menú Archivo haciendo clic sobre su nombre o pulsando la combinación de teclas **Alt-A**.

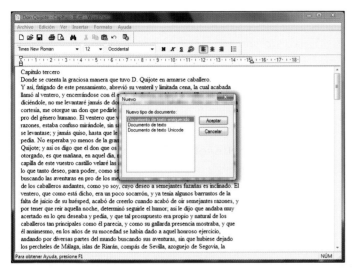

2. Ejecutar el comando Nuevo haciendo clic sobre su nombre o pulsando la tecla **N**.

3. A continuación, en el cuadro de diálogo Nuevo, seleccionar el tipo de documento que se desea crear. En la ventana de WordPad, aparecerá un nuevo documento en blanco con el nombre "Documento".

Dado que WordPad no permite abrir más de un documento a la vez, si al ejecutar el comando Nuevo el documento actual contiene algún cambio que no ha sido guardado, aparecerá en pantalla un cuadro de mensaje que nos permite escoger entre tres opciones:

- **Guardar.** Para guardar los cambios realizados en el documento actual y abrir un documento nuevo.

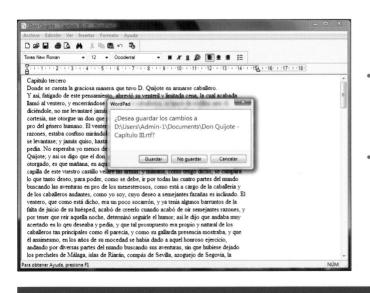

- **No guardar.** Para abandonar los cambios del documento actual y abrir el nuevo documento.

- **Cancelar.** Para abortar la creación del nuevo documento y regresar al documento actual.

Guardar un documento

Para guardar un documento WordPad con el mismo nombre:

1. Abrir el menú Archivo haciendo clic sobre su nombre o pulsando la combinación de teclas **Alt-A**.

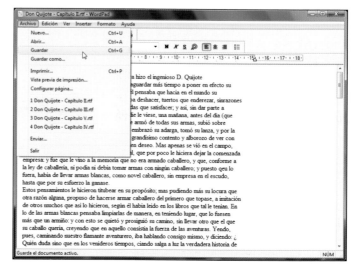

2. Ejecutar el comando Guardar haciendo clic sobre su nombre o pulsando la tecla **G**.

Para guardar un documento con un nombre distinto o un documento que todavía no haya sido almacenado con ningún nombre:

1. Abrir el menú Archivo haciendo clic sobre su nombre o pulsando la combinación de teclas **Alt-A**.

2. Ejecutar el comando Guardar como haciendo clic sobre su nombre o pulsando la tecla **M**.

3. En el cuadro desplegable Tipo, seleccionar el formato de archivo en el que desea almacenarse el documento.

4. Utilizando el panel de carpetas del cuadro de diálogo, localizar la carpeta donde se desea almacenar el documento.

5. En el cuadro de texto Nombre, especificar el nombre que se desea asignar al documento.

6. Hacer clic sobre el botón **Guardar** para almacenar el documento.

Seleccionar texto

Para seleccionar un bloque de texto en un documento WordPad:

1. Situar el puntero del ratón al principio del bloque de texto que se desea seleccionar.

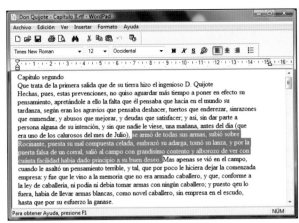

2. Hacer clic y, manteniendo presionado el botón izquierdo, arrastrar el ratón hasta alcanzar la posición del último carácter que se desea seleccionar. El texto seleccionado, aparecerá en pantalla en vídeo inverso.

O bien:

1. Situar el cursor de edición al principio del bloque de texto que se desea seleccionar.

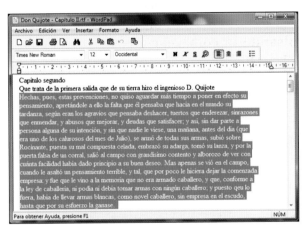

2. A continuación, mantener presionada la tecla **Mayús** mientras se utilizan las teclas de dirección **Flecha dcha.** y **Flecha abajo** hasta alcanzar la posición del último carácter que se desea seleccionar.

Para seleccionar una palabra en un documento WordPad:

1. Situar el puntero del ratón sobre la palabra que se desea seleccionar.

2. Hacer doble clic con el botón izquierdo del ratón.

Para seleccionar una línea de texto en un documento WordPad:

1. Colocar el puntero del ratón sobre el área de selección (situada en el extremo izquierdo del documento), a la altura de la línea que se desea seleccionar.

2. Hacer clic con el botón izquierdo del ratón.

Para seleccionar un párrafo en un documento WordPad:

1. Colocar el puntero del ratón sobre el área de selección (situada en el extremo izquierdo del documento), a la altura del párrafo que se desea seleccionar.

2. Hacer doble clic con el botón izquierdo del ratón.

Seleccionar todo el documento

Para seleccionar todo un documento WordPad:

1. Abrir el menú Edición haciendo clic sobre su nombre o pulsando la combinación de teclas **Alt-E**.

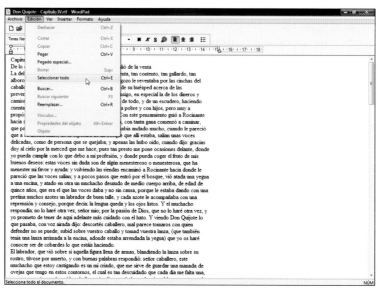

2. Ejecutar el comando Seleccionar todo haciendo clic sobre su nombre o pulsando la tecla **S**.

O bien:

1. Pulsar la combinación de teclas **Control-E**.

O bien:

1. Colocar el puntero del ratón sobre el área de selección (situada en el extremo izquierdo del documento) y hacer triple clic con el botón izquierdo del ratón.

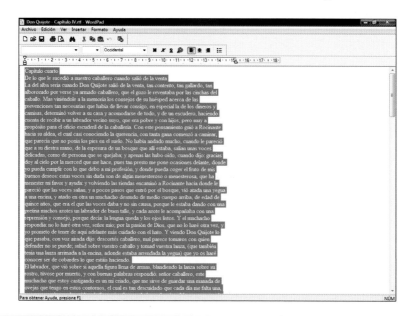

Copiar y cortar

Para copiar un bloque de texto de un documento WordPad:

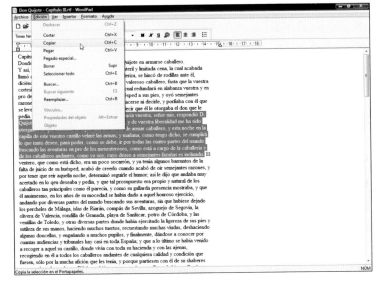

1. Seleccionar el bloque de texto que se desea copiar.

2. Abrir el menú Edición haciendo clic sobre su nombre o pulsando la combinación de teclas **Alt-E**.

3. Ejecutar el comando Copiar haciendo clic sobre su nombre o pulsando la tecla **C**.

Para cortar un bloque de texto de un documento WordPad:

1. Seleccionar el bloque de texto que se desea cortar.

2. Abrir el menú Edición haciendo clic sobre su nombre o pulsando la combinación de teclas **Alt-E**.

3. Ejecutar el comando Cortar haciendo clic sobre su nombre o pulsando la tecla **T**.

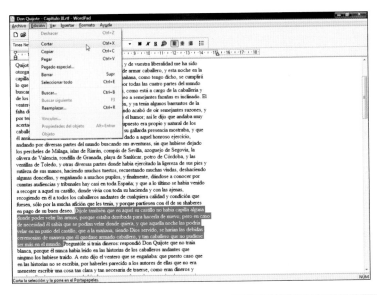

Pegar y eliminar

Para pegar un bloque de texto previamente copiado en un documento WordPad:

1. Situar el cursor de edición en el punto donde se desea pegar el bloque de texto.

2. Abrir el menú Edición haciendo clic sobre su nombre o pulsando la combinación de teclas **Alt-E**.

3. Ejecutar el comando Pegar haciendo clic sobre su nombre o pulsando la tecla **P**.

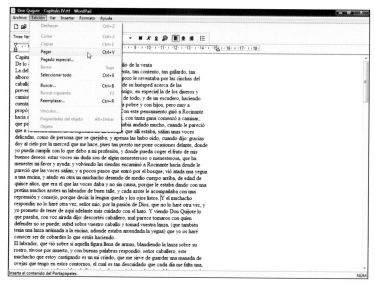

Para borrar un bloque de texto de un documento WordPad:

1. Seleccionar el bloque de texto que se desea eliminar.

2. Abrir el menú Edición haciendo clic sobre su nombre o pulsando la combinación de teclas **Alt-E**.

3. Ejecutar el comando Borrar haciendo clic sobre su nombre o pulsando la tecla **R**.

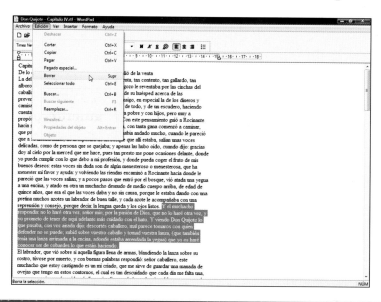

Buscar texto

1. Abrir el menú Edición haciendo clic sobre su nombre o pulsando la combinación de teclas **Alt-E**.

2. A continuación, ejecutar el comando Buscar haciendo clic sobre su nombre o pulsando la tecla **B**.

3. En el cuadro de texto Buscar del cuadro de diálogo de mismo nombre, escribir la cadena de caracteres que se desea localizar en el documento.

4. Para hacer que la búsqueda localice solamente palabras que coincidan exactamente con el contenido del cuadro de texto Buscar, activar la casilla de verificación Sólo palabras completas.

5. Para hacer que la búsqueda se ajuste a la combinación de mayúsculas y minúsculas utilizadas en el cuadro de texto Buscar, activar la casilla de verificación Coincidir mayúsculas y minúsculas.

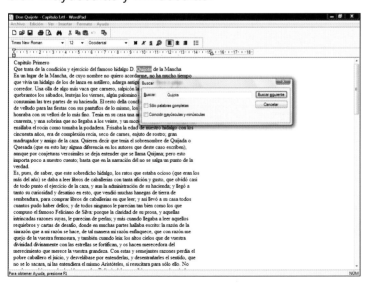

6. Hacer clic repetidamente sobre el botón **Buscar siguiente**, para localizar todas las apariciones del texto especificado.

7. Hacer clic sobre **Cancelar** para cerrar el cuadro de diálogo Buscar.

Reemplazar texto

1. Abrir el menú Edición haciendo clic sobre su nombre o pulsando la combinación de teclas **Alt-E**.

2. Ejecutar el comando Reemplazar haciendo clic sobre su nombre o pulsando la tecla **M**.

3. En el cuadro de texto Buscar, escribir la cadena de caracteres que se desea localizar.

4. En el cuadro de texto Reemplazar por, escribir la cadena de caracteres por la que se desea reemplazar el texto especificado en el cuadro Buscar.

5. Para hacer que la búsqueda localice solamente palabras que coincidan exactamente con el contenido del cuadro Buscar, activar la casilla de verificación Sólo palabras completas.

6. Para hacer que la búsqueda se ajuste a la combinación de mayúsculas y minúsculas utilizadas en el cuadro Buscar, activar la casilla de verificación Coincidir mayúsculas y minúsculas.

7. Hacer clic en **Buscar siguiente**, para localizar la primera aparición del texto especificado.

8. Hacer clic sobre **Reemplazar** para reemplazar la palabra actualmente seleccionada o sobre **Reemplazar todo** para reemplazar todas las apariciones del texto.

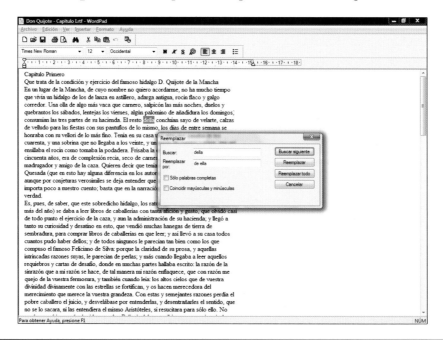

Tipo de letra

1. Seleccionar el fragmento de texto cuyo tipo de letra se desea modificar.

2. Abrir el menú Formato haciendo clic sobre su nombre o pulsando la combinación de teclas **Alt-F**.

3. Ejecutar el comando Fuente haciendo clic sobre su nombre o pulsando la tecla **F**.

4. En el cuadro de lista Fuente del cuadro de diálogo de mismo nombre, seleccionar el tipo de letra que se desea aplicar al texto seleccionado.

5. En el cuadro de lista Estilo de fuente, seleccionar el estilo que se desea aplicar.

6. En el cuadro de lista Tamaño, seleccionar o escribir el tamaño de letra.

7. En la sección Efectos, especificar los efectos adicionales que se deseen aplicar al texto: tachado, subrayado y color.

8. Hacer clic sobre el botón **Aceptar** para asignar el nuevo formato al texto seleccionado.

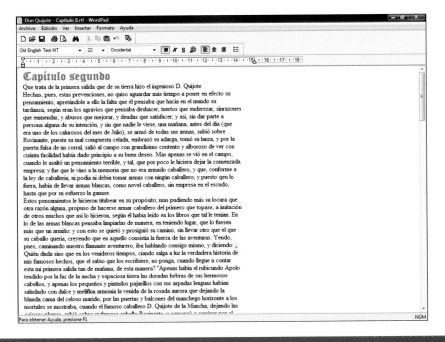

Formato de párrafo

1. Seleccionar el párrafo de texto cuyo formato se desee modificar.

2. Abrir el menú Formato haciendo clic sobre su nombre o pulsando la combinación de teclas **Alt-F.**

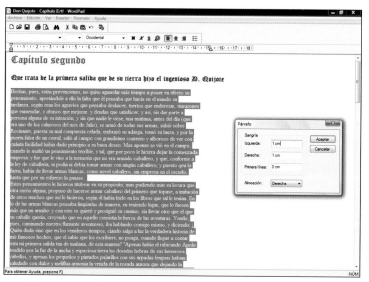

3. Ejecutar el comando Párrafo haciendo clic sobre su nombre o pulsando la tecla **P.**

4. En los cuadros de texto Izquierda y Derecha del cuadro de diálogo Párrafo, especificar el valor de las sangrías izquierda y derecha (distancia entre los bordes del documento y el inicio o final del texto).

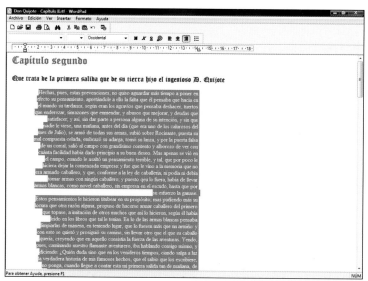

5. En el cuadro de texto Primera línea, escribir un valor para desplazar la primera línea del párrafo seleccionado respecto a las restantes líneas del mismo.

6. En el cuadro de lista Alineación, seleccionar el tipo de alineación que se desea aplicar al texto.

7. Hacer clic sobre el botón **Aceptar** para asignar el nuevo formato al texto seleccionado.

Viñetas

1. Seleccionar los párrafos a los que se desea asignar el estilo de viñeta.

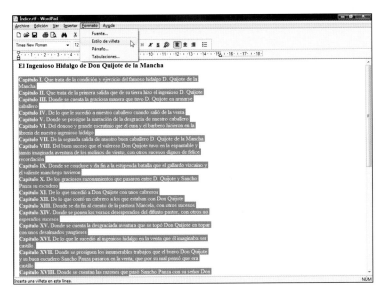

2. Abrir el menú Formato haciendo clic sobre su nombre o pulsando la combinación de teclas **Alt-F**.

3. Ejecutar el comando Estilo de viñeta haciendo clic sobre su nombre o pulsando la tecla **E**.

O bien:

2. Hacer clic sobre el botón **Viñetas** de la barra de formato.

Si es necesario, para mostrar la barra de formato, ejecute el comando Barra de formato del menú Ver.

Para desactivar el formato de estilo de viñeta:

1. Seleccionar los párrafos cuyo formato de estilo de viñeta se desee desactivar.

2. Para finalizar, ejecutar nuevamente el comando Estilo de viñeta del menú Formato de WordPad o hacer clic sobre el botón **Viñetas** situado en la barra de formato.

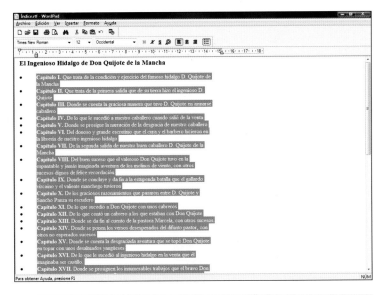

Insertar una imagen

1. Situar el cursor de edición en el punto del documento donde se desea insertar la imagen.

2. Abrir el menú Insertar haciendo clic sobre su nombre o pulsando la combinación de teclas **Alt-N**.

3. Ejecutar el comando Objeto haciendo clic sobre su nombre o pulsando la tecla **O**.

4. En el cuadro de diálogo Insertar objeto, activar el botón de opción Crear desde un archivo haciendo clic sobre él o pulsando la combinación de teclas **Alt-D**.

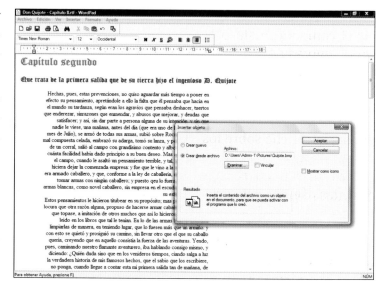

5. En el cuadro de texto Archivo del cuadro de diálogo Insertar objeto, escribir el nombre y la ruta de acceso completa del archivo que contiene la imagen que se desea insertar.

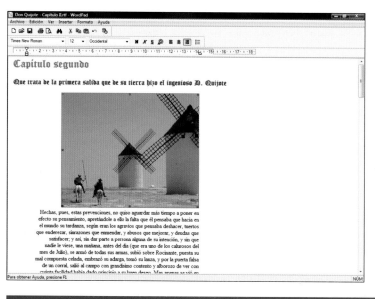

6. Para vincular la imagen al documento WordPad, activar la casilla de verificación del mismo nombre.

7. Hacer clic sobre el botón **Aceptar** para cerrar el cuadro de diálogo Insertar objeto y regresar al documento WordPad.

Vista previa

1. Abrir el menú Archivo haciendo clic sobre su nombre o pulsando la combinación de teclas **Alt-A**.

2. A continuación, ejecutar el comando Vista previa de impresión haciendo clic sobre su nombre o pulsando la tecla **V**.

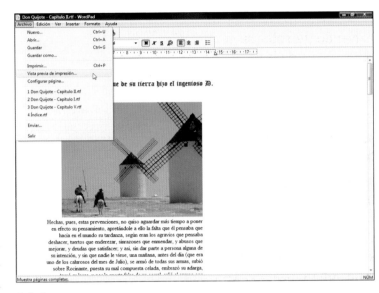

3. En la ventana de vista previa, hacer clic sobre los botones **Siguiente** y **Anterior** para recorrer las distintas páginas del documento.

4. Hacer clic sobre el botón **Dos páginas** para obtener una vista encarada de dos páginas simultáneas del documento.

5. Hacer clic sobre los botones **Acercar** y **Alejar** para ampliar la representación del documento en la ventana de vista previa o para alejar nuevamente su presentación.

6. Hacer clic sobre el botón **Cerrar** para regresar a la ventana principal de WordPad.

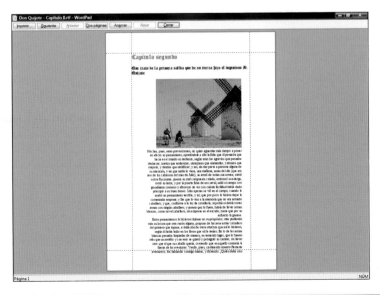

Imprimir un documento

1. Abrir el menú Archivo haciendo clic sobre su nombre o pulsando la combinación de teclas **Alt-A**.

2. Ejecutar el comando Configurar página haciendo clic sobre su nombre o pulsando la tecla **C**.

3. En la sección Papel del cuadro de diálogo Configurar página, seleccionar el tipo de papel y la fuente de alimentación que se desea utilizar para la impresión.

4. En la sección Orientación, especificar el tipo de orientación que se desea dar al documento: Vertical u Horizontal (apaisada).

5. En la sección Márgenes, fijar los márgenes del documento mediante los cuadros de texto Izquierdo, Derecho, Superior e Inferior.

6. Hacer clic sobre el botón **Aceptar** para regresar al documento WordPad.

7. Ejecutar el comando Imprimir del menú Archivo de WordPad.

8. En el cuadro de diálogo Imprimir, seleccionar el número de copias que se desean realizar y hacer clic sobre el botón **Imprimir**.

En el cuadro de diálogo Imprimir, también pude especificar el rango de páginas que desea imprimir.

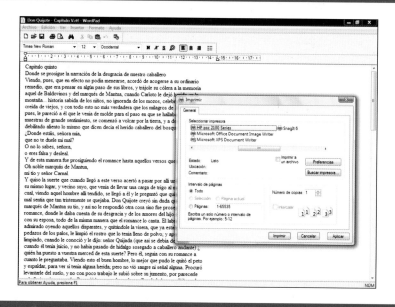